客运服务礼仪

主　编　王　英　闫　骏

副主编　刘鹤琳　王　中　高瑞兰

参　编　姜艳秋　朱翠翠

　　　　姬曦君　郑　金

主　审　纪克玲

机械工业出版社

本书以客运服务人员在工作场合所需遵守的礼仪规范为主要内容，结合当前职业教育发展的实际，突出教材的思想性和实用性。全书共分为5个项目，着重介绍客运服务礼仪认知、仪容礼仪、仪表礼仪、仪态礼仪、沟通礼仪等知识。所有项目均以实际的客运服务行业礼仪专业规范及业务技能标准为基础，力求通过对不同场景的客运服务礼仪知识的介绍、图片说明、实操训练，让读者迅速、全面地掌握客运服务岗位所必须掌握的礼仪理论、实践技能，以及相关的延伸知识。

本书既可作为高职高专院校、技师学院客运服务专业的教材，也可供客运服务行业工作人员参考。

图书在版编目（CIP）数据

客运服务礼仪 / 王英，闫骏主编 . — 北京：机械工业出版社，2021.7（2024.7 重印）
ISBN 978-7-111-68479-4

Ⅰ.①客⋯ Ⅱ.①王⋯ ②闫⋯ Ⅲ.①客运服务–礼仪 –职业
教育–教材 Ⅳ.①U

中国版本图书馆CIP数据核字（2021）第114163号

机械工业出版社（北京市百万庄大街22号 邮政编码100037）
策划编辑：陈玉芝 责任编辑：陈玉芝 王振国
责任校对：张 力 封面设计：马精明
责任印制：张 博
北京建宏印刷有限公司印刷

2024年7月第1版第3次印刷
184mm×260mm·7.25印张·145千字
标准书号：ISBN 978-7-111-68479-4
定价：39.80元

电话服务 网络服务
客服电话：010-88361066 机 工 官 网：www.cmpbook.com
　　　　　010-88379833 机 工 官 博：weibo.com/cmp1952
　　　　　010-68326294 金 书 网：www.golden-book.com
封底无防伪标均为盗版 机工教育服务网：www.cmpedu.com

前　言

　　随着我国交通运输行业的高速发展，客运服务日趋人性化、规范化，对客运服务人员的职业素养要求逐步提高。中国作为礼仪之邦，素有重视礼仪的优良传统。礼仪是人际交往的基本规则，礼仪对于提高人的素养，促进社会和谐、文明与繁荣起到了至关重要的作用。本书以客运服务人员在工作场合所需遵守的礼仪规范为主要内容，结合当前职业教育发展的实际，突出教材的思想性和实用性。本书内容对接职业标准和岗位要求，注重理论与实践相结合，加大实际操作练习，强调以学生为中心，突出职业教育的特点。本书结合典型案例介绍相关知识，并配有大量图片，以便增强学生的感性认知。每个项目结束后，学生可通过课后习题及时检查学习效果。另外，利用手机微信扫描下面或封底的"机械工人之家"微信公众号，关注后输入"客运服务礼仪-1"或"客运服务礼仪-2"可观看相应视频。

扫描左侧微信公众号
回复"客运服务礼仪-1"或"客运服务礼仪-2"
即可观看相应实操视频

　　本书由济南市技师学院王英、闫骏任主编，刘鹤琳、王中、高瑞兰任副主编，参加编写的还有姜艳秋、朱翠翠、姬曦君和郑金，由纪克玲主审。具体编写分工如下：项目1由闫骏、高瑞兰编写，项目2由姜艳秋、王英编写，项目3由姬曦君、王中编写，项目4由刘鹤琳编写，项目5由朱翠翠、郑金编写。在本书的编写过程中，参考了大量书籍、期刊，在此谨向这些资料的作者致以诚挚的谢意。

　　由于编者水平及时间等方面的所限，书中难免有疏漏之处，恳请各位专家和广大读者批评指正，以便修改和补充。

编　者

目 录

前言

■ **项目 1 绪论** ...001

任务 1 礼仪认知 ...002
任务 2 客运服务礼仪认知 ...009
课后习题 ...014

■ **项目 2 仪容礼仪** ...015

任务 1 仪容修饰认知 ...016
任务 2 面容修饰 ...020
任务 3 发型修饰 ...030
课后习题 ...035

■ **项目 3 仪表礼仪** ...037

任务 1 学会穿着正装 ...038
任务 2 学会穿着制服 ...047
课后习题 ...050

■ **项目 4 仪态礼仪** ...051

任务 1 表情礼仪培养 ...052
任务 2 站姿礼仪培养 ...061
任务 3 坐姿礼仪培养 ...067
任务 4 行姿礼仪培养 ...073
任务 5 蹲姿礼仪培养 ...078
课后习题 ...081

■ **项目 5 沟通礼仪** ...083

任务 1 见面礼仪训练 ...084
任务 2 电话礼仪训练 ...093
任务 3 交谈礼仪训练 ...097
任务 4 引导礼仪训练 ...104
课后习题 ...108

■ **参考文献** ...110

项目1 绪论

项目导学

礼仪是人类文明进步的重要标志，是适应时代发展、促进个人进步和成功的重要途径，也是中华民族重要传统美德之一。中国向来就有"礼仪之邦"的美称。随着改革开放的深入和经济的发展，我国与国际接轨的步伐越来越快，我们更需要有修养，并体现在与人交往的言谈举止中。客运服务工作是运输企业面向社会的窗口，它直接面向乘客，每位客运人员的礼仪表现、个人形象，都是企业在社会公众中的形象。每位客运人员的言谈举止，都与企业的生存和发展有着必然的联系，对提高服务质量，增强企业竞争力有重要的作用。客运服务人员要以良好的礼仪形象出现在乘客面前，形成一个企业整体的形象，通过良好的礼仪和优质的服务为企业赢得声誉、赢得市场、赢得效益。

知识目标

1.掌握礼仪的含义。

2.了解礼仪的起源与发展。

3.掌握礼仪的作用、功能及原则。

4.掌握客运服务礼仪的概念、作用及原则。

5.掌握客运服务人员的礼仪素养和素质要求。

技能目标

可根据自身情况搜集并整理汇总所需要的资料。

素养目标

1.培养学生利用网络、书籍等搜集所需资料的意识。

2.通过实训内容，培养学生的团队协作、团结互助意识。

任务 1　礼仪认知

情境导入

有一批应届毕业生 22 人，实习时和指导教师一起到某单位实验室参观。全体学生在会议室等待实验室领导的到来，这时工作人员给大家倒水，同学们表情木然地看着工作人员，其中一名学生问道："有绿茶吗？天太热了。"工作人员回答说："抱歉，刚刚用完了。"有一名叫林然的同学感觉有些别扭，轮到他时，他轻声说道："谢谢，大热天的，辛苦了。"那名工作人员抬头看了他一眼，满含惊奇，虽然是普通的客气话，却是她今天唯一听到的一句。

门开了，领导跟各位同学打招呼，竟没有人回应。林然看了看，犹犹豫豫地鼓了几下掌，同学们才稀稀落落地跟着拍手，气氛十分尴尬。那位领导挥了挥手说："欢迎同学们来这里参观，我看各位同学没带笔记本，让工作人员去给各位拿一些我们部里印的纪念手册，送给同学们作纪念。"结果在接纪念手册时，大家都随意地坐在那里，并且一只手接过领导双手递来的纪念手册。到了林然这里，他礼貌地站起来，双手接过手册，恭敬地说："谢谢您！"领导微笑点头，拍了拍林然的肩膀，询问了他的名字。

实习结束后，林然被该实验室录用。有几位同学对此不满来找指导教师，指导教师笑道："你们虽然成绩比林然好，但是除了学习外，你们需要学的东西太多了，修养是第一课。"

基本知识与基本能力积累

一、礼仪的发展

1. 礼仪的含义

礼仪的"礼"表示尊重，即在人际交往中既要尊重自己，也要尊重别人，是一种待人接物的基本要求。礼仪的"仪"字表示仪式，即尊重自己、尊重别人的表现形式。礼仪就是律己、敬人的一种行为规范，是表现对他人尊重和理解的过程和方式。礼仪为人们所认同，又为人们所遵守，是以建立和谐关系为目的的各种符合交往要求的行为准则和规范的总和。

礼仪是人类为维系社会正常生活而要求人们共同遵守的最起码的道德规范，它在人们长期共同生活和相互交往中逐渐形成，并且以风俗、习惯和传统等方式固定下来。

对一个人来说，礼仪是其思想道德水平、文化修养、交际能力的外在表现；对一个社会来说，礼仪是其文明程度、道德风尚和生活习惯的反映。

2. 礼仪的起源与发展

（1）礼仪的起源　礼仪作为人际交往的重要行为规范，不是随意凭空臆造的，也不是可有可无的。了解礼仪的起源，有利于认识礼仪的本质，自觉地按照礼仪规范的要求进行社交活动。对于礼仪的起源，研究者们有各种不同的观点，可大致归纳为以下几种。

有一种观点认为，礼仪起源于祭祀。东汉许慎的《说文解字》对"礼"字的解释是这样的："礼，履也，所以事神致福也。从示从豊，豊亦声。"这句话的意思是，礼仪是实践约定的事情，用来给神灵看，以求得赐福。"礼"字是会意字，"示"指神，从中可以分析出，"礼"字与古代祭祀神灵的仪式有关。古时祭祀活动不是随意进行的，它是严格地按照一定的程序、一定的方式进行的。郭沫若在《十批判书》中指出："礼之起，起于祀神，其后扩展而为人，更其后而为吉、凶、军、宾、嘉等多种仪制。"这里讲到了礼仪的起源，以及礼仪的发展过程。

另一种观点认为，礼仪起源于风俗习惯。人是不能离开社会和群体的，人与人在长期的交往活动中，渐渐地产生了一些约定俗成的习惯，久而久之这些习惯成为人与人交际的规范，当这些交往习惯以文字的形式被记录并同时被人们自觉地遵守后，就逐渐成为人们交际交往固定的礼仪。遵守礼仪，不仅使人们的社会交往活动变得有序，有章可循，同时也能使人与人在交往中更具亲和力。1922年《西方礼仪集萃》一书问世，该书开篇中这样写道："表面上礼仪有无数的清规戒律，但其根本目的在于使世界成为一个充满生活乐趣的地方，使人变得和易近人。"

还有一种观点认为，礼仪是为表达自身感情而存在的，在没有礼仪存在的时候，人们祭祀天地根本无法表达心中的敬畏，后来才出现了礼仪。如同语言一般，礼仪是因为需要才产生的，后来经拓展开始向长辈行礼来表达自己的敬意。贵族阶层出现后，扭曲了礼的意义，使之在不尊敬的情况下使用来突出自身的地位，因此礼丢失了本质而变成了礼节。存有敬意的施礼才是真正的礼。

从礼仪的起源可以看出，礼仪是在人们的社会活动中，为了维护一种稳定的秩序，保持一种交际的和谐而产生的。一直到今天，礼仪依然体现着这种本质特点与独特的功能。

（2）礼仪的发展　中国自古就是礼仪之邦，礼仪对于我们炎黄子孙来说，更多的时候能体现出一个人的教养和品位。真正懂礼仪讲礼仪的人，绝不会只在某一个或者几个特定的场合才注重礼仪规范，这是因为那些感性的，又有些程式化的细节，早已在他们的心灵历练中深入骨髓，浸入血液了。

所以无论何时何地，我们都要以最恰当的方式去待人接物。这个时候"礼"就成了我们生命中最重要的一部分。礼仪是人际关系中的一种艺术，是人与人之间沟通的桥梁。礼仪是人际关系中必须遵守的一种惯例，是一种习惯形式，即在人与人的交往中约定俗成的一种习惯做法。

礼仪对规范人们的社会行为，协调人际关系，促进人类社会发展具有积极的作用。

我国是历史悠久的文明古国，几千年来创造了灿烂的文化，形成了高尚的道德准则、完整的礼仪规范。从《礼记》中就可得出这样的结论。我国具有五千年文明史，素有"礼仪之邦"之称，中国人也以其彬彬有礼的风貌而著称于世。礼仪文明作为中国传统文化的一个重要组成部分，对中国社会历史发展有着广泛深远的影响，其内容十分丰富。礼仪所涉及的范围十分广泛，几乎渗透于社会的各个方面。

中国古代的"礼"和"仪"，实际是两个不同的概念。"礼"是制度、规则和一种社会意识观念；"仪"是"礼"的具体表现形式，它是依据"礼"的规定和内容形成的一套系统而完整的程序。在中国古代，礼仪是为了适应当时社会需要，从宗族制度、贵贱等级关系中衍生出来的，因而带有产生它的那个时代的特点及局限性。时至今日，现代礼仪与古代礼仪已有很大差别，我们必须摒弃那些为剥削阶级服务的礼仪规范，着重选取对今天仍有积极、普遍意义的传统文明礼仪，如尊老敬贤、仪尚适宜、礼貌待人、容仪有整等，加以改造与承传。这对于修养良好个人素质，协调和谐人际关系，塑造文明的社会风气，进行社会主义精神文明建设，具有现代价值。

二、礼仪的内涵

1. 礼仪的作用

礼仪是人们在生活和社会交往中约定俗成的行为规范。人们可以根据各式各样的礼仪规范，正确把握与外界的人际交往尺度，合理地处理好人与人的关系。如果没有这些礼仪规范，人们往往会在交往中感到手足无措，乃至失礼于人，闹出笑话，所以熟悉和掌握礼仪，就可以做到触类旁通，待人接物恰到好处。

（1）促进沟通，促进人们相互尊重　在人际交往中，自觉地执行礼仪规范，可以使交往双方的感情得到沟通，在向对方表示尊重、敬意的过程中，获得对方的理解和尊重。人们在交往时以礼相待，有助于加强人们之间的互相尊重，建立友好合作的关系，缓和或者避免不必要的矛盾和冲突。

（2）规范、约束人们的行为　在社会生活中，礼仪约束着人们的态度和动机，规范着人们的行为方式，协调着人与人之间的关系，维护着社会的正常秩序，在社会交往中发挥着巨大的作用。

（3）倡导、教育人们遵守道德习俗　礼仪以一种道德习俗的方式对全社会的每一个人发挥维护社会正常秩序的教育作用。人们通过对礼仪的学习和应用，建立新型的人际关系，从而在交往中严于律己，宽以待人，互尊互敬，互谦互让，讲文明，懂礼貌。

（4）凝聚、协调　在现代生活中，人们的相互关系错综复杂，有时会突然发生冲突，甚至会采取极端行为。礼仪有利于促使冲突各方保持冷静，缓解已经激化的矛盾，使人与人之间的感情得以沟通，建立相互尊重、彼此信任、友好合作的关系，进而有利于各项事业的发展。

2. 礼仪的功能

（1）弘扬礼仪传统　文明古老的中华民族，以其聪颖的才智和勤奋的力量，创造了人类历史上灿烂的文化。中国素以礼仪之邦著称于世，几千年来，各族人民都创造了一整套独具特色的礼节、仪式、风尚、习俗、节令、规章和典制等，并为广大人民所喜爱、所沿袭。这些礼仪习俗，反映了中华民族大家庭中各民族的传统美德与优良品质，勾画了各民族的历史风貌。

（2）提高自身修养　在人际交往中，礼仪往往是衡量一个人文明程度的准绳。它不仅反映着一个人的交际技巧与应变能力，而且还反映着一个人的气质风度、阅历见识、道德情操、精神风貌。因此，在这个意义上，完全可以说礼仪即教养，而有道德才能高尚，有教养才能文明。也就是说，通过一个人对礼仪运用的程度，可以察知其教养的高低、文明的程度和道德的水准。

（3）完善个人形象　讲究礼仪对个人的成功是至关重要的，因为它关系到个人的形象。个人形象，是一个人仪容、表情、举止、服饰、谈吐、教养的集合，而礼仪在上述诸方面都有自己详尽的规范，因此学习礼仪，运用礼仪，无疑将有益于人们更好地、更规范地设计个人形象、维护个人形象，更好地、更充分地展示个人的良好教养与优雅的风度。

（4）改善人际关系　马克思认为，"社会是人们交往作用的产物"。没有社交活动，人类的生活是不可想象的。人们参加社交活动，多为调节紧张的生活，建立友谊，交流感情，融洽关系，广结良友，增长见识，获取信息。现代社会对人们的社交提出了新的要求，社会越发展，物质生活内容越丰富，人们社交的需要就会越显示出它的价值，而处在社交活动中的每个人的仪表、仪态及对礼仪知识的了解也变得极其重要。一个人只要同其他人打交道，就不能不讲礼仪。运用礼仪，除了可以使个人在交际活动中充满自信，胸有成竹，处变不惊之外，其最大的好处在于，它能够帮助于人们规范彼此的交际活动，更好地向交往对象表达自己的尊重、敬佩、友好与善意，增进大家彼此之间的了解与信任。

用现代人的眼光看，礼仪与礼貌是一种信息传递，它可以以闪电般的速度把你的尊重之情准确表达出来并传递给对方，使对方立即获得情感上的满足。与此同时，礼貌又反馈回来——对方以礼貌回敬。于是双方热情之火点燃了，支持与协作便开始了。假如人皆如此，长此以往，必将促进社会交往的进一步发展，帮助人们更好地取得交际成功，进而造就和谐、完善的人际关系，取得事业的成功。

（5）塑造组织形象　良好的组织形象是任何组织所刻意追求的目标，组织形象的塑造处处都需要礼仪。比如：你想和某一单位联系业务，当你拨打对方办公室电话无人接听或铃响五六声之后才有人接听时，你会对该单位产生一种印象——工作效率不高、制度不健全、员工素质差等。反之，如果你一拨通电话，就能听到对方和蔼可亲的问候、得体的称谓、礼貌的语言、简捷干练的回答、热情的接待，你立即会有一种亲切之感。

（6）建设精神文明　世界各国和各民族都十分重视交往时的礼节礼貌，把它视为一个国家和民族文明程度的重要标志。正如古人所说："礼义廉耻，国之四维。"礼仪是立国的精神要素之本。在社会主义精神文明建设中，讲究礼节礼仪，注重礼貌是最基本的要求，它对建设精神文明的大厦起着基础作用，只有基础打得扎实，大厦才能巩固。

3. 礼仪的基本原则

（1）宽容原则　即人们在交际活动中运用礼仪时，既要严于律己，更要宽以待人。

（2）敬人的原则　即人们在社会交往中，要敬人之心常存，处处不可失敬于人，不可伤害他人的尊严，更不能侮辱对方的人格。

（3）自律的原则　这是礼仪的基础和出发点，学习、应用礼仪，最重要的就是要自我要求、自我约束、自我控制、自我对照、自我反省和自我检点。

（4）遵守的原则　在交际应酬中，每一位参与者都必须自觉自愿地遵守礼仪，用礼仪去规范自己在交往活动中的言行举止。

（5）适度的原则　应用礼仪时要注意做到把握分寸，认真得体。

（6）真诚的原则　运用礼仪时，务必诚信无欺，言行一致，表里如一。

（7）从俗的原则　由于国情、民族、文化背景的不同，因此必须坚持入乡随俗，与绝大多数人的习惯做法保持一致，切勿目中无人、自以为是。

（8）平等的原则　这是礼仪的核心，即尊重交往对象、以礼相待，对任何交往对象都必须一视同仁，给予同等程度的礼遇。

三、国外礼仪

1. 日本茶道

按照茶道传统，宾客应邀进入茶室时，由主人跪坐门前表示欢迎，甚至寒暄都有规定礼仪。

参加茶事的客人根据身份的不同落座。这时主人即去"水屋"取风炉、白炭等器物，而客人可欣赏茶室内的陈设。沏茶时主人要先将各种茶具用茶巾（茶巾的折叠方法也有特别规定）擦拭后，从茶罐中取两三勺茶末，置于茶碗中，然后注入沸水，再用茶筅搅拌碗中茶水，直至茶汤泛起泡沫为止。

待正客饮茶后，客人饮茶也可分为"轮饮"或"单饮"，即客人轮流品一碗茶，或单独饮一碗茶。茶道礼法不仅是饮茶，主要还在于欣赏以茶碗为主的茶道用具、茶室的装饰、茶室前的茶园环境及主客间的心灵交流。

整个茶会，主客的坐、送、接茶碗都有礼仪规范。一次茶道仪式的时间，一般在2h左右。结束后，主人必须再次在茶室格子门外跪送宾客。

炭礼法：炭礼法即为烧沏茶水的地炉或者茶炉准备炭的程序。无论是初座还是后座，都分别设有初炭礼法和后炭礼法。它包括准备烧炭工具、打扫地炉、除炭灰、添炭和占香等。

浓茶礼法和淡茶礼法：浓茶礼法和淡茶礼法是主人制茶的一整套的程序章法。一般情况下，主人先将少许呈粉末状的末茶放入瓷碗中后加点水，用特制的竹筅把茶末搅成糊状，喝时用右手拿起茶碗，放至左手掌上。

2. 新加坡商务

来宾入室后，宾主均要行鞠躬礼。鞠躬礼有站式和跪式两种，且根据鞠躬的弯腰程度可分为真、行、草三种。"真礼"用于主客之间，"行礼"用于客人之间，"草礼"用于说话前后。

新加坡在世界上有"花园王国"的美称。在社交场合，新加坡人与他人所行的见面礼节多为握手礼。在待人接物方面，新加坡人特别强调笑脸迎客，彬彬有礼。对新加坡人而言，在人际交往中讲究礼貌、以礼待人，不但是每个人所应具备的基本修养，而且业已成为国家和社会对每个人所提出的一项必须遵守的基本行为准则。

在新加坡开国之初，政府就注重"礼治"，立志要将新加坡建成一个礼仪之邦。政府不但强调"不学礼，无以立"，而且专门编定了《礼貌手册》，对人们在各种不同场合所作所为是否符合礼仪，都做出了明确的规定。"人人讲礼貌，生活更美好"，"真诚微笑，处世之道"，在新加坡早已家喻户晓，深入人心。在新加坡，不讲礼貌不仅会让人瞧不起，而且还会寸步难行。

绝大多数的新加坡人都非常喜欢红色。他们认为，艳丽夺目的红色，是庄严、热烈、喜庆、吉祥的象征，而且还具有激励人们奋发向上的作用。在一般情况下，过多地采用黑色、紫色不为新加坡人所欢迎。在他们的意识里，黑色、紫色代表着不吉利。另外，新加坡人对白色也普遍看好，视之为纯洁与美德的象征。新加坡的国旗颜色就是由红色和白色两种色彩构成的。

在日常生活里，新加坡人对传统民俗非常讲究，吉祥字、吉祥画在他们生活中随处可见。最受他们喜爱的吉祥字有"囍""福""吉""鱼"等。最受他们欢迎的吉祥画，则有表示"平安"的苹果，表示"和平"的荷花，表示"力量"的竹子，表示"幸运"的蝙蝠等。

与新加坡人攀谈时，不仅不能口吐脏字，而且还要记住多使用谦辞、敬语。与此同时，对于话题的选择务必加以注意。最受新加坡人青睐的话题，主要是运动、旅游、传统文化及有关经济建设方面的成就。对于新加坡国内政治、宗教、民族问题，执政党的方针、政策，以及新加坡与邻国的关系问题，最好不要涉及。

 **任务实施：调研东西方礼仪差异**

1. 实训内容
分组调研并整理东西方国家的礼仪差异表现。

2. 实训目标
了解东西方文化差异，加深对中国礼仪文化的认识。

3. 实训准备
查阅书籍、网络资料等，整理出表格。

任务 2　客运服务礼仪认知

情境导入

一名顾客匆忙跑进银行，营业厅里静悄悄的，一个人也没有，而 ATM 机前却排起了长长的队伍。营业员问："先生，取多少钱？"，顾客答："3000 元。"营业员说："对不起，请到 ATM 机去取。"顾客这才看到柜台窗口贴着一纸规定：为了减轻工作人员的劳动强度，取钱 5000 元以下的请到 ATM 机取。顾客对营业员解释说："我有急事，能不能通融通融，先让我取了？"营业员说："不行，这是规定。"

顾客灵机一动，又把储蓄卡递给营业员，说："我取 5000 元！"这次营业员无话可说，乖乖地办理了业务。紧接着，顾客从取出的钱中抽出 1000 元，连同储蓄卡递给营业员，说："存 1000 元，谢谢！"营业员张嘴想说什么，却什么也没说出来。手续办完了，顾客又抽出 1000 元，要求再存 1000 元。营业员有些恼怒道："你为何不一块存？"顾客答道："这是我的规定，一次只存 1000 元，不能多存。"

请你说一说：顾客为何要为难营业员呢？

基本知识与基本能力积累

一、服务礼仪的概念及内涵

1. 服务礼仪的概念

服务礼仪属于礼仪的一种，是指在各种服务工作中形成的，得到共同认可的礼节和仪式，是服务人员在服务过程中恰当表示对服务对象的尊重和与服务对象进行良好沟通的技巧和方法。

2. 服务礼仪的内涵

服务礼仪的内涵主要体现在以下三点：

1）服务礼仪是服务工作的规范或准则，它表现为一定的章法。所谓"入乡随俗，入境问禁"，即在进入某一地域之前，应先对该地域的习俗和行为规范有所了解，并按照这样的习俗和规范去行事。

2）服务礼仪是人们在社会实践中约定俗成的行为规范。在社会实践中，礼仪往往首先表现为一些不成文的规矩、习惯，然后才逐渐上升为被公众认可的，可以用语言、文字、动作来做准确描述和规定的行为准则，并成为人们有章可循、可以自觉学习和遵守的行为规范。

3）服务礼仪是一种和谐的人际关系。讲究礼仪的目的是实现社会交往各方的互相尊重，从而达到人与人之间关系的和谐。在现代社会，礼仪可以有效地展现施礼者和受礼者的教养、风度与魅力，它体现着一个人对他人和社会的认知水平、尊重程度，是一个人的学识、修养和价值的外在表现。一个人只有在尊重他人的前提下，才会被他人尊重。人与人之间的和谐关系，也只有在这种互相尊重的过程中，才会逐步建立起来。

3. 客运服务礼仪

客运服务礼仪是一种与乘客交往过程中所应具备的相互尊重、亲善友好的行为规范和艺术，是"以客为尊、以人为本"理念的具体体现，也是客运优质服务的重要组成部分。对客运服务人员来讲，规范、优雅的服务礼仪能够展现客运员工的外在美和内在修养，能够更容易拉近与乘客的距离，提高乘客的满意度和忠诚度，提升客运企业形象，实现优质服务品牌的增值。

（1）客运服务礼仪的作用

1）提高自身修养，改善人际关系。在人际交往中，礼仪往往是衡量一个人文明程度的准绳。它不仅反映一个人的交际技巧与应变能力，而且反映其气质风度、阅历见识、道德情操、精神风貌。运用礼仪，不仅有助于人们更好地、更规范地设计个人形象、维护个人形象，更好地、更充分地展示个人的良好教养与优雅风度，而且可以使个人在交际活动中充满自信，胸有成竹，更好地向交往对象表达自己的尊重、敬佩、友好与善意，增进彼此之间的了解与信任。

2）提升企业形象，提高乘客满意度。应用好服务礼仪能够提高乘客满意度，减少投诉的发生。客运服务人员每天要面对成千上万名不同年龄、不同性别、不同性格和不同文化背景的乘客，每天都要与陌生人沟通。面对同样的问题，有些服务人员无法平息乘客的怒气，有些服务人员却能三言两语把问题处理得很妥当，这就是服务礼仪的魅力。

（2）客运服务礼仪的原则

1）尊重。孔子说："礼者，敬人也。"这是对礼仪核心思想的高度概括。所谓尊重原则，就是要求在服务过程中，要将对乘客的重视、恭敬、友好放在第一位，这是礼仪的重点与核心。因此，在服务过程中，首要的原则就是敬人之心长存，掌握了这一点，就等于掌握了礼仪的灵魂。在人际交往中，只要不失敬人之意，哪怕具体做法一时失当，也容易得到服务对象的谅解。

2）真诚。服务礼仪所讲的真诚原则，就是要求在服务过程中，必须待人以诚，只有如此，才能表达对乘客的尊敬与友善，才会更好地被对方所理解，所接受。与此相反，倘若仅把礼仪作为一种道具和伪装，在具体运用礼仪规范时口是心非，言行不一，则有悖礼仪的基本宗旨。

3）宽容。宽容原则的基本含义，就是要求在服务过程中，既要严于律己，更要宽以待人。要多体谅他人，多理解他人，学会与服务对象进行心理换位，不求全责备，咄咄逼人。

4）适度。适度原则的含义，就是要求应用礼仪时，为了保证取得成效，必须注意技巧，合乎规范，特别要注意做到把握分寸，认真得体。凡事做过了头，或者做不到位，都不能正确地表达自己的自律、敬人之意。

5）"乘客至上"。客运运营企业的重要工作是提供客运服务，满足人们的出行需求，具有鲜明的社会服务特点。客运企业的运送对象是乘客，摆正自己与服务对象的关系位置，确立"服务为本，乘客至上"的道德意识，讲求服务信誉，千方百计维护乘客利益，全心全意为乘客服务，是客运服务人员职业道德的核心。

二、客运服务人员的礼仪素养

1. 亲和的微笑（见图 1-1）

图 1-1　亲和的微笑

（1）亲和的微笑可以改善服务态度，提高服务质量　微笑对乘客的情绪有主动引导的作用，乘客的情绪往往受服务人员态度的影响。在服务交往中，微笑可以使服务人员很自然地使用温和的语调和礼貌的语气，不仅能引发乘客发自内心的好感，有时还可稳定乘客焦虑急躁的情绪，使乘客在整个交往过程中感到轻松和愉快。

（2）亲和的微笑可以拉近和乘客间的距离　客运服务人员的微笑可以从情感上拉近与乘客的距离。当遇到问题或困难时，乘客就会很自然、很及时地提出，这有助于服务工作顺利开展，避免一些小问题或困难不能被发现和解决，从而直接影响服务质量。

（3）微笑能带来良好的首因效应　首因效应又称为第一印象效应或首次效应，是指第一次交往过程中形成的最初印象。它具有先入为主的特点，不仅影响乘客的心理活动，而且影响服务交往，有时甚至影响服务工作的顺利进行。一旦乘客对服务人员产生了不良的第一印象，要改变它是十分困难的，往往要付出比先前多出几十倍的精力。所以在与乘客初次交往时，微笑迎客是相当必要的，它能快捷地使服务人员与乘客的关系变得融洽，收到事半功倍的效果。

（4）微笑的基本原则

1）主动微笑的原则。在与乘客目光接触的时候，首先要向乘客微笑，然后再开口说话，主动创造友好、热情的氛围。

2）自然大方微笑的原则。微笑是自内心发出的，表示对乘客的尊重和理解。

3）眼中含笑的原则。脸上有笑，眼睛里更要有笑。

2. 舒心的问候

问候是人与人见面时最初的直接接触。问候得当可以迅速表现出自己的心意与诚意，可以在最初接触时给乘客留下好印象。客运服务人员见到乘客时，应主动打招呼。一般来说，先打招呼的人会在后面的谈话交流和服务中掌握主动。

3. 整洁的仪表

客运服务人员每天都要接触成千上万的乘客，乘客对客运服务第一印象的产生首先来自服务人员的仪容仪表。良好的仪容仪表，会使人产生美好的第一印象，从而对客运企业起到宣传作用，同时还能弥补某些服务方面的不足。反之，不好的仪容仪表往往会令人生厌，即使有热情服务和一流设施也不一定给乘客留下好印象。

客运服务人员的仪表一定要整洁、朴素。整洁、朴素的仪表可以拉近和乘客的距离，带给乘客清新、健康的印象。

4. 得体的语言

语言是为乘客服务的第一工具，它对做好服务工作有着十分突出的作用。得体的语言会让乘客倍感亲切，反之，结果则会截然不同。因此，客运服务人员在工作中应做到亲切和蔼、语言文雅。

客运服务人员要善于察言观色，语言交流要针对乘客实际，要从言谈举止中迅速把握乘客的心情，要明白乘客的弦外之音，了解乘客的愿望。要尽量站在乘客的立场上说话办事，判断乘客的心理和服务需要。除此以外，服务人员需要用委婉的语气表达否定的意思。拒绝乘客时，使用否定句的影响是很大的，会使乘客产生不愉快的感觉。

三、客运服务人员的素质要求

1. 主动热情

主动热情是指客运服务人员即使在乘客暂时不需要服务时，也要眼观六路，耳听八方，心里想着乘客，眼里看着乘客，为乘客提供服务。优秀的客运服务人员往往能够在乘客尚未发出"请提供服务"信息之前就能察言观色，主动服务。除此以外，客运服务人员要保持持久的热情。无论乘客如何挑剔，无论受到了多大的委屈，客运服务人员始终要以积极热情的态度面对每一位乘客，这种热情要建立在以服务为荣的基础上。要记住，不能控制情绪的服务人员是肯定做不好服务工作的。

2. 情绪平和

一名优秀的客运服务人员，应善于控制自己的情绪，约束自己的情感，克制自己的举动，不论与哪一类型的乘客接触，无论发生什么问题，都能够做到镇定自若，不失礼于人。

当乘客有不满情绪时，往往会对服务人员提出批评，这种批评可能会在不同场合以不同方式提出来。乘客在公开场合向服务人员疾言厉色时，往往会使人难以接受。遇到这种情况，客运服务人员首先需要冷静，不要急于与之争辩，切不可针锋相对，使矛盾激化难以收拾。如果乘客无理取闹，可以交相关部门或人员解决。

当乘客不礼貌时，客运服务人员更要做到有礼、有利、有节地解决问题。

有礼，即临辱不怒。面对乘客的不礼貌时，客运服务人员不应生气发火，而应沉着冷静，以妙语应粗语，以豁达应愚昧，以文雅对无礼，使无礼乘客对自己的行为过意不去，只有这样，才不至于使自己陷入被动的境地，才能够维护企业的窗口形象。

有利，即动之以情，晓之以理。虽然这些乘客态度生硬，但是一旦发现自己理亏，得不到大多数人的支持，还是会有所收敛的。

有节，乘客毕竟是乘客，是服务对象，不能因为乘客有过错而心存芥蒂。要记住，和乘客的争论最终受到损失的是企业而不是乘客，同时，对乘客的宽容也会得到回报。

3. 处变不惊

客运车辆也是一个小社会，各式各样的人都有，各种情况和突发事件都有可能随时发生，因此要求客运服务人员一定要有处变不惊的能力。在面对一些喜怒无常、无理纠缠的乘客时，在遇到车辆晚点、发生突发事件时，都需要客运服务人员临变不乱来应对各种突发状况。这就要求服务人员熟知各类应急处置预案，培养良好的心理素质。

 任务实施：调研并对比不同客运企业对其客运服务人员礼仪素养和素质的要求

1. 实训内容

分组调研并整理不同客运企业对其客运服务人员的礼仪素养和素质的要求。

2. 实训目标

掌握客运服务人员的礼仪素养及素质要求。

3. 实训准备

查阅书籍、网络资料等，整理出表格。

 课后习题

一、名词解释

1. 礼仪
2. 服务礼仪

二、简答题

1. 简述礼仪的作用、原则及功能。
2. 微笑的基本原则有哪些？
3. 客运服务人员的素质要求有哪些？

项目2 仪容礼仪

☞ 项目导学

所谓仪容，即容貌，包括面容（神态、表情）、发式、手部、体味和口腔卫生等，是个人仪表美的重要组成部分。一个人的仪容，大体上受到两个因素左右。一个是先天条件，一个人的相貌如何，主要受制于血缘遗传。另一个是修饰维护，在任何情况下，一个正常人倘若不注意对本人的仪容进行合乎常规的修饰或维护，往往在他人心中也很难有良好的个人形象可言。仪容的修饰是容貌上的美化和修饰，包括美容与美发。社交礼仪对仪容的首要要求就是仪容美。仪容美是指经过修饰美化后呈现的容貌状态，是自然美和修饰美的融合。五官端正、发型大方、面色健康、表情自然、精神饱满是构成仪容美的五个基本部分。仪容美的具体含义有三层，即仪容的自然美、修饰美、内在美。

☞ 知识目标

1. 掌握仪容修饰的含义、功能、原则及要求。
2. 掌握客运服务人员在进行个人面部修饰时，必须遵循的规范性做法。
3. 掌握客运服务行业发型要求。
4. 掌握化妆的原则和技巧。
5. 掌握化妆的禁忌。

☞ 技能目标

1. 学会束发、佩戴帽子的操作步骤。
2. 根据自身条件掌握化妆的基本步骤和技巧。

☞ 素养目标

1. 培养学生依照仪容修饰的标准规范自己的日常及工作仪容。
2. 通过实训内容，培养学生的团队协作、团结互助意识。

任务 1　仪容修饰认知

情境导入

南开中学各教学楼门口都有一面整容镜，上面均写着："面必净，发必理，衣必整，纽必结；头容正，肩容平，胸容宽，背容直。气象：勿傲，勿暴，勿怠。颜色：宜和，宜静，宜庄。"这就是著名的"容止格言"。周恩来总理青少年时期曾在南开中学学习，其一生都在严格履行这四十字箴言。"容止格言"也是我们讲究形象的精华所在。

基本知识与基本能力积累

一、仪容修饰的含义

仪容修饰是指对人的面部和头发进行修整妆饰，使其外在形象达到整洁、大方、美观、典雅效果的一些基本方法。

二、仪容修饰的功能

仪容修饰是保持健康和活力的手段，是树立自信的有效方法，是实现悦己悦人目的的途径，是对自己的尊重和对别人的一种礼貌。国外一份调查资料显示，在相同情况下，经常化妆的女性比平常不化妆的女性，精神状态好，不易疲劳，更充满自信。

三、仪容修饰的原则

（1）适体性原则　要求仪容修饰与个体自身的性别、年龄、容貌、身材、体型、个性、气质及职业身份等相适宜和相协调。

（2）TPO原则　即时间（Time）、地点（Place）、场合（Occasion）原则，要求仪表修饰因时间、地点、场合的变化而相应变化，使妆容与时间、环境氛围、特定场合相协调。

（3）整体性原则　要求仪容修饰先着眼于人的整体，再考虑各个局部的修饰，促成修饰与人自身的诸多因素之间协调一致，使之浑然一体，营造出整体风采。

（4）适度性原则　要求仪容修饰无论修饰程度，还是在饰品数量和修饰技巧上，都应把握分寸，自然适度，追求虽刻意雕琢但又不露痕迹的效果。

四、仪容修饰的要求

仪容修饰的基本要求是整洁、自然、端庄，如图 2-1 所示。

图 2-1　得体的仪容修饰

（1）个人卫生要求　这是仪容修饰的首要要求。平时要保持面部及身体各部位整洁、卫生，不仅是为了美，也是为了身体健康。

1）勤洗脸。除早晚各洗脸一次外，出汗后也应尽可能洗一下，以减少汗液对皮肤的损害。

2）勤洗澡。要勤更换衣服，包括床上用品，特别是枕巾。治愈的皮肤病再次复发的原因之一，就是没有及时更换衣物，这些沾有病菌的衣物成了传染源。

3）勤梳头。可以梳掉头皮屑、灰尘等，还有就是对头皮的按摩，每天坚持梳头30下，必有收效。

4）勤理发。及时修剪头发，不仅可以让人看起来非常整洁，还可以改变心情。

5）勤修指甲。有人说，手是人的第二张脸。及时除掉指甲中的污垢，剪掉过长的劈了的指甲，并修剪成型，可美化你的手。

6）勤剪鼻毛。鼻毛长出鼻外，是非常不雅观的，也是令自己很尴尬的事。

7）剃腋毛。穿无袖上装时，露出腋毛是很不雅观的。

（2）面部要求　面部应当润泽光滑，皮肤要健康清洁。对客运服务人员的面部要求是：女性上岗应着淡妆，保持清洁的仪容，避免使用味道浓烈的化妆品；男性应保持脸面洁净，不可留胡须；适时保持亲切的笑容。

（3）发式要求　头发要适时梳理清洗，不可有头皮屑；发型要大方、朴实，具有良好的个性；男士的发型给人以得体、整齐的感觉，应该显示成熟稳重的特点；女士梳理清秀典雅的发型，能体现出持重、干练、成熟。作为客运服务人员，发型不仅要考虑对象、环境，还要考虑自身特点。面对乘客时，发型要以庄重、严肃、利落大方为原则，而且还要严守本行业、本公司的特殊要求。

（4）手部要求　勤洗手，保持手部清洁；不留长指甲，勤修剪；不涂有色指甲油，以肉色或透明色为宜。客运服务人员需经常保持手部清洁，洗手后，要涂护手霜以保持手部润滑；指甲的长度要适度，以防断裂，从手心看，以不长过 1mm 为宜；不能使用假指甲或做工艺指甲；男士如果吸烟，要涂掉手上的尼古丁痕迹。

（5）口腔要求　保持口齿清洁，保持口气清新，定期除掉牙齿上的尼古丁痕迹；去除吸烟过多而引起的口腔异味。客运服务人员除注意上述个人卫生外，还应注意以下两点：

1）上岗前忌食葱、蒜、韭菜之类的刺激性食物。

2）有吸烟习惯的员工要定期除掉牙齿上的烟渍。

（6）体味要求　勤洗澡，勤换内外衣，保持清新、干净，给人良好的感觉。女士可喷洒适量的香水，但忌使用味道过于浓烈的香型。

客运服务人员在自己的岗位上，必须按照本行业的规则，对自己的仪容进行必要的修饰与维护。具体而言，要求如下：客运服务人员必须对本人的仪容进行必要的修饰与维护；客运服务人员在修饰维护本人的仪容时必须遵守行业规则。

客运服务人员仪容修饰的具体要求见表 2-1。

表 2-1　客运服务人员仪容修饰的具体要求

面容	眼睛	眼角无分泌物，无睡意，不充血，不斜视，清爽明亮。不戴墨镜或有色眼镜。女性不用人造睫毛，不画烟熏妆和浓眼影
	耳朵	耳朵内外干净，无耳屎
	鼻子	鼻孔干净，不流鼻涕，鼻毛不外露。不要当众擤鼻涕、挖鼻孔
	胡子	不得留胡须，应每天刮胡子
	嘴	牙齿整齐洁白，口中无异味，嘴角无泡沫；与乘客交流时不嚼口香糖；上班时不吃刺激性食物，如葱、蒜、韭菜等；女性不用深色或浓重口红
	牙齿	清洁、无食品残留物
发部	头发	干净、整洁、没有明显头屑
手部	手和手指甲	经常保持手部清洁，洗手后，要涂护手霜以保持手部润滑；指甲的长度要适度，以防断裂，从手心看，以不长过 1mm 为宜；不能使用假指甲或做工艺指甲；男士如果吸烟，要涂掉手上的尼古丁痕迹

五、仪容修饰的礼节

（1）正式场合要化妆　正式场合要化妆，特别是涉外场合，应精心地修饰自己，女士不化妆会被认为失礼，男士也要根据实际情况进行适当修饰。

（2）不当着他人的面化妆　化妆是很私密的事情，故不宜在大庭广众之下进行，应在自己的房间或洗手间内进行。

（3）不借用他人化妆品　化妆品是私人物品，不要轻易去借用，因为这既不卫生，又不礼貌。

（4）不指责他人妆容　每个人都有自己的审美情趣和喜爱的化妆方法，应当抱着宽容和欣赏的态度去看待他人的妆容，切忌指指点点、自以为是，令他人难堪，这是干涉他人隐私，是不礼貌、没教养的表现。

客运服务人员在修饰与维护本人的仪容时，重点应放在面容修饰、化妆修饰、发部修饰、肢体修饰4个方面，绝对不允许有所忽略，或者有所偏颇。

任务实施：仪容检查

1. 实训内容

分组互检仪容仪表是否合格。

2. 实训目标

掌握仪容修饰的基本要求，了解客运服务人员仪容修饰中的常见问题。

3. 实训准备

课前整理个人仪容；搜集资料，整理客运服务人员仪容修饰的常见问题。

4. 考核评分表（见表2-2）

表2-2　仪容检查考核评分表

考核项目		考核标准	分值	得分
面容	眼睛	1. 眼角无分泌物，无睡意，不充血，不斜视，清爽明亮 2. 不戴墨镜或有色眼镜 3. 不用人造睫毛，不画烟熏妆和浓眼影	20分	
	耳朵	耳朵内外干净，无耳屎	10分	
	鼻子	鼻孔干净，不流鼻涕，鼻毛不外露	10分	
	胡子	不得留胡须，应每天刮胡子	10分	
	嘴	1. 牙齿整齐洁白，口中无异味，嘴角无泡沫 2. 女性不用深色或浓重口红	20分	
	牙齿	清洁、无食品残留物	10分	
发部	头发	干净、整洁、没有明显头屑	10分	
手部	手和手指甲	1. 时刻保持指甲干净整齐，经常修剪 2. 只可涂肉色和透明色指甲油 3. 不使用指甲装饰品	10分	

教师简要评语：

教师签字

任务 2 　面容修饰

 情境导入

　　某日，乘客吴先生在乘坐轨道交通过程中遇到问题向客服中心岗询问，客服中心岗接待吴先生的是一位五官清秀的女站务员，接待服务工作做得很好，但她面无血色，显得无精打采，细看并没有化淡妆，给人一种病态十足的感觉。询问过程中，吴先生发现该工作人员涂了颜色极其鲜艳的指甲油，特别醒目。待询问完成离开时，该名工作人员对着玻璃墙面修饰自己的妆容，完全不顾其他乘客的感受，让人非常不舒服。

　　想一想，作为客运服务人员平时需要注意哪些事项？

 基本知识与基本能力积累

一、面容方面

　　面部，又称为面孔、脸部、脸面。一般而言，它指的是人头的前部，包括上至额头、下到下巴这一部分。人的五官，如眉、目、耳、鼻、口等，均位于面部，而且也是面部引人注目之处。

　　面容是人的仪表之首，也是最动人之处。所以，面容的修饰是仪容美的重头戏，在社交中对面容进行修饰尤为重要。干净、整洁、卫生是仪容美的关键，也是礼仪的基本要求。同时，面容方面的基本要求也由此展开。客运服务人员在自己的工作岗位上服务乘客时，必须对自己面部的修饰予以高度重视。性别的差异和人们认知角度的不同，使得男女在面容美化的方式方法和具体要求上均有不同的特点。对男士面容的基本要求是，男士应养成每天修面剃须的良好习惯；对女士面容的基本要求是，面容美化主要采用化妆。

　　（1）面部的清洁　清洁是仪容美的关键，是个人礼仪的基本要求，也是当今社会与人交往、取得成功的必要条件。

　　面部清洁要求每日早晚洗脸，清除附着在面部的污垢、汗渍等不洁之物。正确的洗脸方法有助于保持皮肤的弹性，保持血液循环良好和新陈代谢的正常运行，因此要注意洗脸的方法。首先用温水润湿脸部，然后用适当的清洁剂（洗面奶、香皂、洗面膏等），用手由下而上揉搓、打圈，手经过鼻翼两侧至眼眶周围正反打圈，从上额至

颧骨再至下颌部位反复打圈，由颈部至左、右耳根反复多次，这是借助于光滑的洗面材料而起到对皮肤的按摩作用，再用温水冲净面部的洗面用料，最后用凉水冲洗，令毛孔收缩。

生活中有些人，可以用大量的时间去化妆，却懒得认真地洗脸。用正确的方法洗脸不仅可以清洁皮肤，也可以去除新陈代谢产生的老化物质、空气污染、卸妆等残留物。男士应特别注重洗脸，男性皮肤一般比较粗糙，表面经常黏附污垢堵塞毛孔，导致毛囊及皮脂腺疾病。因此，男士进行科学的护肤是非常重要的。

洗脸时应遵守以下几点：

1）根据皮肤性质选用不同的清洁用品。

2）使用洗面奶时，应取少量洗面奶放在手心里蘸水揉搓起泡，泡沫越细越不会刺激皮肤。

3）需特别注意，鼻子下方容易长青春痘，额头中心部皮脂特别发达，必须仔细洗净多余的皮脂。手指不要过分用力，使指肚仅有的面积充分接触脸颊的皮肤，轻轻地由内朝外画圆圈滑动清洗，以起到按摩清洁的作用。

4）洗脸时要记得洗到脖子部位，下巴底部、耳下等也要仔细洗净，如果粉底霜没去除干净，会对肌肤引发各种困扰。

5）冲洗时用流水充分地去除泡沫，在较冷的季节，需使用温水，以免毛孔紧闭而影响清洗效果。

6）洗脸后用毛巾擦拭脸上的水分时，不可用力揉搓，以免伤害肌肤。正确使用毛巾的方法是，将毛巾轻贴在脸颊上，让毛巾自然吸干水分。

（2）皮肤的护理　皮肤的护理是全方位的，保持良好的心态、愉悦的身心、健康的生活方式（常忧愁、烦恼、易怒之人，会引起机体生理性病变），平日多吃水果蔬菜，多喝水，以保持足够的水分，防止皮肤粗糙干燥。要保证足够的睡眠，使面部看上去红润。夏季要及时擦干脸上的汗，不要让其在脸上流淌。冬天在外出前要擦好润肤产品，以便保护肌肤。适当的运动方式再配合正确的洗脸方法，一定能取得良好的效果，使肌肤更加健美。

 知识链接

要想保护好自己的皮肤，就要选用合适的化妆品，但首先必须了解自己皮肤的性质。通常，皮肤的类型可以分为4种，即油性、中性、干性和混合性皮肤。但从医学美容的角度，可以将皮肤分为6种类型，即油性、中性、干性、混合性、敏感性和问题性皮肤。不同皮肤的特点见表2-3。

表2-3 不同皮肤的特点

皮肤性质	特点
油性皮肤	皮肤粗厚，毛孔较明显，部分毛孔很大，酷似橘皮；皮脂分泌多，特别在面部及T字形部位可见油光；皮肤纹理粗糙，易受污染；抗菌力弱，易生痤疮；附着力差，化妆后易掉妆；较能经受外界刺激，不易老化，面部出现皱纹较晚
中性皮肤	皮肤平滑细腻，有光泽，毛孔较细，油脂水分适中，看起来显得红润、光滑、没有瑕疵且富有弹性；对外界刺激不太敏感，比较耐晒，不易起皱纹，化妆后不易掉妆；皮肤随季节变化较大，冬季偏干，夏季偏油；多见于青春期少女，30岁后变为干性皮肤
干性皮肤	肤质细腻，较薄，毛孔不明显，皮脂分泌少而均匀，没有油腻感觉；比较干燥，看起来显得清洁、细腻而美观；不易生痤疮，且附着力强，化妆后不易掉妆。但干性皮肤经不起外界刺激，如风吹日晒等，受刺激后皮肤潮红，甚至灼痛；容易老化起皱纹，特别是在眼部、嘴角处最易生皱纹
混合性皮肤	同时存在两种不同性质的皮肤为混合性皮肤。一般在前额、鼻翼、颏部（下巴）处为油性，毛孔粗大，油脂分泌较多，甚至可发生痤疮，而其他部位如面颊部，呈现出干性或中性皮肤的特征
敏感性皮肤	皮肤较薄，天生脆弱缺乏弹性，换季或遇冷热时皮肤发红易起小丘疹，毛细血管浅，容易破裂形成小红丝，或皮肤细腻白皙，皮脂分泌少，较干燥。其显著特点是接触化妆品后易引起皮肤过敏，出现红、肿、痒等，对烈日、花粉、蚊虫叮咬及高蛋白食物等也易导致过敏
问题性皮肤	把患有痤疮、酒糟鼻、黄褐斑、雀斑等在生活中影响美容，但没有传染性，也不危及生命的皮肤，统称为问题性皮肤

小贴士

测定皮肤性质的方法

　　测定皮肤性质的方法很多，有专门鉴别皮肤性质的仪器，也有最简单的观察辨别法。问题性皮肤很容易观察和判断，而其他类型的皮肤则需要仔细鉴别。一般主要观察毛孔大小、油脂多少、有无光泽、皮肤弹性、接触化妆品后是否过敏等，然后把观察结果与各类皮肤特点做对比，基本就可以判定出皮肤的性质。

　　通常还可以采取简单易行的纸巾测试方法进行鉴别：晚上睡觉前用中性洁肤品洗净皮肤后，不擦任何化妆品上床休息，第二天早晨起床后（不洗脸），用一面纸巾轻拭前额及鼻部，若纸巾上留下大片油迹，皮肤便是油性的；若纸巾上仅有星星点点的油迹或没有油迹，皮肤则为干性；若纸巾上有油迹但并不多，就是中性皮肤。

　　（3）皮肤的保养

　　1）油性皮肤。如果油性皮肤上不长面疱，就比较好处理。

　　化妆品选择：选择油分较少，且清爽性较强，能抑制皮脂分泌，收敛作用较强的化妆品。

保养重点：洗脸次数增多，随时保持皮肤洁净干爽，使用收敛性化妆品抑制油脂分泌，一周敷面、按摩、去角质一次，饮食应注意少吃糖、巧克力及有刺激性的食物，少喝酒，同时吃些维生素 B2、B6，能增加肌肤抵抗力。

2）中性皮肤（又称为正常皮肤）。正常的皮肤虽然是最理想的皮肤，但仍然需要善加保养，否则在炎夏的天气，容易偏向油性，冬天则易偏向干性。

化妆品选择：依照年龄、季节分别选择，如夏天可选亲水性，冬天可选具有滋润作用的化妆品。

保养重点：每天注意清洁、保养，一周按摩、敷面一次，做完敷面 3h 之内，最好让皮肤好好休息，不要化妆。

3）干性皮肤。干性皮肤对年轻女孩来说比较好，因为它不容易长面疱，而且能使化妆持久不脱妆。但这种皮肤的缺点是，年龄一旦超过 30 岁，如果不善加保养，就很容易老化形成皱纹。

化妆品选择：含有油分、养分高的化妆品。

保养重点：按摩是促进血液循环最好的方法，一周敷面 1 次或 2 次。

早晚改用维生素营养霜或荷尔蒙活性营养霜滋润，平时不要直接受到冷风刺激或太阳光曝晒。

4）混合性皮肤。混合性皮肤具有干性、油性两种皮肤性质，处理起来也需特别用心，因为这种皮肤干燥的地方特别干燥，油的部分又特别油，所以一般称它为矛盾型皮肤。在选用保养品时应注意，眼睛四周脸颊均特别干，会有皱纹，应涂抹维生素面霜滋润，必要时涂些眼霜防止皱纹加深。T字形部位较油，有粉刺，应选用收敛性保养品，可抑制油脂分泌，起杀菌消毒作用，一周按摩一次，敷面也同样分为两种肤性处理，慢慢改善。

特别提醒，男士要坚持经常刮脸，胡须容易附着尘埃、病菌，经常刮脸可保持皮肤洁净，有助于永葆青春容颜。剃须后皮肤会变得粗糙，而且可能有看不到的小伤口，这时需要使用男士专用的须后营养品，它的特殊成分能舒缓面部皮肤，令毛孔自然收缩。男士应使用针对男士皮肤性质而研制的男性护肤品。

客运服务人员在进行个人面部修饰时，必须遵循规范性的做法。

1）洁净：要真正保持面部的干净、清爽，公认的标准是使之无灰尘、无泥垢、无汗渍、无分泌物、无其他一切被人们视为不洁之物的杂质。平时要养成勤洗脸的好习惯。

2）卫生：客运服务人员在进行个人面部修饰时应关注卫生问题，主要是要认真注意自己面容的健康状况，要防止由于个人不讲究卫生而使面部经常疙疙瘩瘩。一旦面部出现了明显的过敏症状，或是长出了疖子、痤疮、疱疹，务必及时前去医院医治。

3）自然：客运服务人员的面部修饰既要讲究美观，又要合乎常情。按照人们对客运服务人员所要求的角色定位，庄重、大方乃是其维护个人形象的第一要旨。

客运服务人员在进行面部修饰时需特别重视眉、目、耳、鼻、口的局部问题。

1）眉部的修饰：在一个人的面部，眉毛虽然不像眼睛那样引人注目，但它却绝非可有可无，应注意"眉形的美观""眉毛的梳理""眉部的清洁"。

2）眼部的修饰：对于每个人来讲，眼部都是他人观察最多的地方，因此应注意"眼部的保洁""眼病的防治""眼镜的佩戴"。

3）耳部的修饰：在人的面部，双耳算不上是抢眼之处，但仍然处在他人的注意范围之内，因此应注意"耳部的除垢""耳毛的修剪"。

4）鼻部的修饰：在每个人的鼻部，多多少少都会存在一些不够雅观的问题，应注意"鼻涕的去除""黑头的清理""鼻毛的修剪"。

5）口部的修饰：口部的修饰通常涉及面比较广泛，除了口腔之外，嘴巴的"周边地带"也应包含在内，应注意"刷牙""洗牙""禁食""护唇"和"剃须"。

（4）化妆　化妆是一门艺术，适度而得体的化妆可以体现女性的端庄和美丽。妆分为浓妆和淡妆两种。浓妆是一种艳丽的美，给人庄重高贵的感觉，可用在晚宴、演出等特殊的社交场合。淡妆是一种趋于自然的美，给人大方、悦目、清新的感觉，最适合在家或平时上班时使用。无论是淡妆还是浓妆，都需要恰当使用化妆品，并结合一定的艺术处理，才能达到美化形象的目的。

对于客运服务人员来说，和谐得体的妆容效果也是留给乘客美好印象的第一步。客运服务人员必须按照标准着淡妆，化妆最好能在短时间内完成，利用自然美且能与制服相称的为最好。化妆以淡雅、清新、自然为宜。浓重的眼影和眼线，刺鼻的香水，都是与工作不相符合的。化妆的重点是创造自然、生动、高雅的气质。工作中还应注意补妆，补妆应在卫生间或休息室进行，不可在工作场合补妆。

1）化妆的原则：

①自然淡雅的原则。客运服务人员上岗之前要求化淡妆，即不要有明显化过妆的痕迹。因为底妆厚重、色彩过白、烟熏妆、眼线过重等都会让乘客感到不自然。总起来说，服务人员的妆容应自然大方、朴实淡雅。

②扬长避短的原则。职业妆适当展现自己的优点是比较好的选择，一方面要突出脸部最美的部分，使其显得更加美丽动人，另一方面要掩盖或矫正缺陷或不足的部分。

③整体协调的原则。化妆要因人、因时、因地制宜，切忌强求一律，应表现出个性美，避免"千人一妆"。化妆时需要参考自己的职业、年龄、性格及五官特点等因素，职业妆应使整个妆面协调，并且应与全身的装扮相协调，与所处场合、自己身份等相协调。

2）化妆的禁忌：客运服务人员在化妆时需要避免某些不应出现的错误做法，具体包括以下几个方面：

①离奇出众的创意妆。客运服务人员化工作妆时不能脱离自己的工作角色，不能追求怪异、神秘的妆容，使人感觉过于突出、另类。

②残妆示人。在工作中出汗之后、休息或用餐后妆容容易出现脱妆，以残妆示人

给人懒散、邋遢之感，所以客运服务人员要注意及时补妆。

③当众化妆。化妆属于个人隐私，原则是在家中完成化妆过程。需要临时补妆也应在洗手间或隐蔽处进行。

3）化妆的基础程序：

①妆前准备。妆前准备的程序是：束发→洁肤→护肤→修眉。

a. 束发。

b. 洁肤。化妆前可用温水及洗面奶洗去脸上的油脂、汗水、灰尘等，以使妆面干净光亮。

c. 护肤。冬季选择霜、膏类护肤品，夏季可选择乳液、水质护肤品，令肌肤柔滑，对皮肤起到保护作用。

d. 修眉。可用眉刀或眉钳根据自己具体的眉形进行修整，使之更显清秀。

 知识链接

修眉的步骤及注意事项

1. 修眉的步骤

1）正向面对镜子，将笔刷平放在两眉上方，检查两边眉峰的高度，如果两边高度差超过 0.3cm，则需要修整眉峰。尤其是初学修眉，不建议修整眉峰，会很容易破坏掉完整的眉形。

2）将眉眼间的大范围杂毛用安全剃刀剃除。

3）用镊子拔除靠近眉毛处的细小杂毛，拔的时候要夹紧根部，顺向拔起。注意，只需慢慢拔除边缘的杂毛即可，拔太多会让眉毛产生空隙。

4）利用眉梳或眉刷，由眉头向眉峰的位置，将眉毛梳顺。

5）眉峰到眉尾的眉毛则要往下梳。

6）利用弯形剪刀，把梳整过后的眉毛边缘修剪出整齐的弧线。

7）如果眉毛太长，可用钢梳将眉毛挑起后剪短。

8）将眉毛与发际之间的汗毛剃除干净。

9）如果眼尾的 C 字部位有明显的汗毛，也要剃除，这样才会让妆容显得干净。

10）两眉之间的杂毛也要修干净。

2. 修眉的注意事项

1）避免用眉夹夹眉毛，因为它会使眼皮松弛，并且会引起毛囊发炎。

2）多修眉毛下面，少动眉毛上面，只需把眉毛上面修整齐即可，这样会有眉开眼笑的视觉效果。

3）不可让眉毛过于长，因为过长的眉毛会缺少女性柔美的感觉。

4）两个眉毛之间的眉距一定要保持一只眼睛的大小，这样可以平衡五官。

5）修眉过后，记得做调肤、润肤保养。

②化淡妆步骤：见表2-4。

表2-4　化淡妆步骤

基本步骤	注意事项
1）打粉底 	1. 选择接近肤色的或将粉底作为基础底色 2. 用化妆海绵蘸取少量粉底由内向外，全脸均匀地拍擦，切忌来回涂沫，注意面部与脖子的衔接 3. 底妆要达到调整肤色、遮盖瑕疵、光亮皮肤的效果 4. 如果肤色不好，可擦抹两遍以上粉底，每遍宜薄不宜厚，防止出现边缘线。瑕疵处可用遮瑕笔遮盖
2）画眼线 	1. 可使用眼线笔、眼线液、水溶性眼线粉画眼线，如使用眼线刷蘸水溶性眼线粉画眼线 2. 画上眼线时紧贴睫毛根部，下眼线画在下睫毛根部内侧；上眼线宽长，外眼角处色重且向上挑起；下眼线短平，外眼角处色深且宽 3. 用深色眼影粉在眼线外侧做晕染，使睫毛产生浓密的朦胧感
3）刷睫毛 	1. 客运服务人员使用的睫毛膏以黑色、深棕色为宜 2. 刷睫毛时先将睫毛用睫毛夹夹翘，然后均匀涂抹睫毛膏 3. 涂上睫毛时眼睛向下看。反复涂几次，最后用睫毛梳将睫毛梳齐，将多余的睫毛膏清除掉
4）描眉毛 	1. 用眉刷蘸适量眼影粉刷出眉形，然后用眉笔将眉少的部位一根一根地按其生长方向画出来 2. 眉形好的人只需用眉刷刷上同色的眼影粉 3. 注意眉头不要画得太实，应该"两头浅，中间深""上面浅，下面深"，并且有毛发的虚实感
5）上腮红 	1. 腮红应涂在微笑时面部的最高点，均匀晕染 2. 皮肤白的人一般选用粉色；肤色较深的一般选用桃红或珊瑚色 3. 如自己皮肤比较红润，腮红可以省略

客运服务礼仪

基本步骤	注意事项
6）涂唇彩 	1. 通常使用白色或液体唇膏来保持唇部湿润，并使唇膏颜色保持持久 2. 唇膏的颜色与妆色、眼影及服饰要协调 3. 为避免口红长时间产生化开的现象，可以在涂唇膏前先画唇线，但要注意应与唇膏颜色一致 4. 若要表现嘴唇的立体感，可在唇的外轮廓用深色唇膏，里面用浅色唇膏，或在下唇中央的高光处涂上唇油，使嘴唇丰满润泽

4）化妆注意事项：

①使用与自己肤色、制服颜色相协调的颜色。

②脸色不好时一定要用粉底与腮红掩盖。使用液体粉底可以使皮肤看起来细腻。在使用粉底时注意，不要让脸部与头部有明显的分界线。用海绵上妆可以使妆容匀称。

③注意，要在饭后补妆，保持妆容整洁。注意脸部的油脂，特别是"T"字形部位，要定时用吸油纸或纸巾揩干。补妆应在洗手间完成。

④要讲究化妆品的卫生，化妆用具要经常清洗，不能借用他人的化妆品。

上过妆的脸，在晚上一定要卸妆后再入睡。用专用的卸妆液将妆容卸掉后，仔细用洗面奶将残留的化妆品清洗干净。卸妆时不可太过用力，尤其是眼部。卸妆可起到保护皮肤的重要作用，因此不能省略。

5）不同脸型的化妆技巧：

①椭圆脸。椭圆脸是公认的理想脸型，化妆时无需太多掩饰，应注意保持其完整。这一脸型的化妆要着重自然，不要有所掩饰。眉毛要顺着眼睛修成正弧形，位置适中，不要过长，眉头与内眼角齐。胭脂要抹在颧骨最高处，向后向上化开。嘴唇要依自己的唇样涂成最自然的样子，除非自己的嘴唇过大或过小。

②长脸。脸型偏长的人，应利用化妆来增加面部宽阔感。眉毛的位置不可太高而有角，眉毛尤其不应高翘。胭脂要抹在颧骨的最高处与太阳穴下方所构成的曲线部位，然后向上向外抹去，前端距鼻子要远些。嘴可稍微涂得厚些。两颊下陷或窄小者，宜在该部位敷淡色粉底做成光影，使其显得较为丰满。

③圆脸。圆脸给人可爱、玲珑之感，若要修整为椭圆形并不困难。腮红可从颧骨起涂至下颌部，注意不要简单地在颧骨突出部位涂成圆形。唇彩可在上嘴唇涂成浅浅的弓形，不能涂成圆形的小嘴状，以免有圆上加圆之感。利用粉底在两颊造阴影，将圆脸"削"瘦一点。选用暗色调粉底，沿额头靠近发际处起向下窄窄地涂抹，至颧骨部下可加宽涂抹的面积，使脸部亮度自颧骨以下逐步集中于鼻子、嘴唇、下巴附近部位。眉毛可修成自然的弧形，作少许弯曲，不可太平直或有棱角，也不可过于弯曲。

④方脸。方脸型的人以双颊骨突出为特点，因而在化妆时，要设法加以掩饰，增

加柔和感。腮红宜涂抹得与眼部平行，在颧骨稍下处往外揉开，切忌涂在颧骨最突出处。利用暗色调粉底，在颧骨最宽处造成阴影，令其方正感减弱，下腭部宜用大面积的暗色调粉底造阴影，以改变面部轮廓。唇彩可涂丰满一些，强调柔和感。眉毛要稍阔而微弯，不可有角。

⑤三角脸。三角脸的特点是额部较窄而两腮较阔，整个脸部呈上小下宽状。化妆时应将下部宽角"削"去，把脸型变为椭圆状。腮红可由外眼角处向下抹涂，令脸部上半部分拉宽一些。可利用较深色调的粉底在两腮部位涂抹、掩饰。眉毛宜保持自然状态，不可太平直或太弯曲。

⑥倒三角脸。倒三角脸型的特点是额部较宽大而两腮较窄小，呈上阔下窄状。人们常说的"心形脸"，即指这种脸型。化妆时，需要修饰部分恰恰与三角脸相反。腮红应涂在颧骨最突出处，而后向上、向外揉开。可利用较深色调的粉底涂在过宽的额头两侧，而用较浅的粉底涂抹在两腮及下巴处，造成掩饰上部、突出下部的效果。宜用稍亮些的唇彩以加强柔和感，唇形宜稍宽厚些。描眉毛时应顺着眼部轮廓修成自然的眉形，从眉心到眉尾由深渐浅，眉尾不可上翘。

二、面部表情

面部表情是指眼睛、鼻子、嘴巴以及面部肌肉等综合运用所反映出的心理活动和情感信息。表情的传达与说话的内容更能够充分有效地结合，因此，有人将好的表情称为"社交的通行证"。优雅的表情，可以给人留下深刻的第一印象。构成表情的主要因素是目光和笑容。面部表情组成表见 2-5。

表 2-5　面部表情组成

内容	作用		要求
目光	目光是面部表情的核心，在人际交往时，目光是一种真实的、含蓄的语言。目光应该是坦然、亲切、友善、有神的	表示友好	不时注视对方，占相处时间的 1/3 左右
		表示重视	常把目光投向对方，占相处时间的 2/3 左右
		表示轻视	目光游离，注视时间不到 1/3
		表示敌意或不感兴趣	目光死死盯住对方看，一直在注视对方，带有鄙视、斜视、轻视等
笑容	有人把微笑比作全世界通用的"货币"，因为它易被世界上所有的人所接受	含笑	不出声音、不露牙齿，表示接受，对人友好
		轻笑	嘴巴稍张开，露出 8 颗牙齿，表示欣喜和愉悦

任务实施：化妆实训

1. 实训内容

女性客运服务人员的淡妆。

2. 实训目标

掌握客运服务人员职业淡妆的基本操作步骤。

3. 实训准备

粉底、眼影、眼线笔、眉笔、腮红、睫毛膏、睫毛夹和口红等。

4. 考核评分表（见表2-6）

表2-6　淡妆考核评分表

考核项目	考核标准	分值	得分
基础底妆	1. 打底工具选用正确 2. 上底妆时涂抹均匀	10分 10分	
眼部化妆	1. 眼线涂抹均匀，无残缺 2. 正确使用睫毛夹和睫毛膏，睫毛涂抹不打结 3. 眉毛：选用色彩合适的眉笔，眉形搭配合理	10分 10分 10分	
涂腮红	腮红色彩选择恰当，晕染均匀	10分	
画口红	色彩与腮红色系一致，轮廓饱满明亮	10分	
整体效果	1. 发型标准、规范 2. 妆面整体效果干净美观 3. 化妆时间不超过 10min	10分 10分 10分	

教师简要评语：

教师签字

任务3 发型修饰

情境导入

我们打量一个人往往是从头部开始的，而头发又是人的制高点。可我们常常对面部修饰费尽心机，而花在头发上的时间、金钱就差多了，这是不对的。其实，再也没有比一头健康亮泽的秀发更令人羡慕的了。靓人先靓发，虽然人的头发也是随着年龄的变化而变化的，但年轻时不好好呵护头发，头发也会先人而衰老，一头不加修饰的头发会大大损害自身形象。那么，请在您的秀发上面用一点心思吧！

基本知识与基本能力积累

一、发部护理

要使头发健康秀美，必须用科学的方法加以护理，保护头发应注意心情愉快，营养平衡，睡眠充足。护发是美发的基础，主要是从洗发、梳发、按摩几个方面入手。

（1）洗发 头发上的脏物是引起头皮过多和脱发的一个原因，而且有碍于头发的正常生长，而洗头的目的就在于洗掉头皮和头发上的污物。所以，要保护好头发，就要经常洗头，使头发经常处于清洁状态。

1）洗发前，先用梳子将整头头发梳顺。

2）先要用水浸湿头发，然后再用洗发剂。第一次将洗发剂涂在头发上，用手指肚像按摩似地揉洗。特别是头的表皮层，易被皮脂和汗液弄脏，应仔细揉洗。第二次用第一次洗发剂用量的1/2进行揉洗。

3）最后用清水反复漂洗，直至头发上彻底没有洗发剂为止。

（2）梳发 用正确的方法梳发，是保持美发不可缺少的日常修整之一。梳发可以去掉头及头发上的浮皮和脏物，并给头发以适度的刺激，以促进血液循环，使头发柔软而有光泽。使用的梳子应从实用的目的出发进行选择。

正确的梳头方法是，首先从梳开散乱的发梢开始，用梳子轻贴头皮，慢慢地梳，用力要均匀，如用力过猛，会刺伤头皮。先从前额的发际向后梳，再沿发际从后向前梳，然后从左、右耳的上部分别向各自相反的方向进行梳理，最后让头发向头的四周披散开来梳理。平常用的梳子，要用手指检查一下梳齿，如果有毛刺则不要使用，因为会划伤头皮。

（3）按摩　按摩可以刺激皮肤，促进血液循环，调节脂肪分泌，解除头部疲劳，有助于头发的发育，保持头皮的健康，对于预防和治疗头皮过多症、偏头痛也具有极好的作用。按摩的方法是，用自己的十个指头尖在头皮上轻轻转动，将整个头皮都按摩到，按摩10min左右，然后按摩后脖子约1min。早晚各一次，长期坚持按摩，头发会变得光亮柔软。

 知识链接：发质的判断

　　首先，我们要做的是知道自己属于什么发质。要分辨头发的性质并不难，头皮的油脂分泌量是关键所在，发质可分为四类：油性、干性、中性和混合性。

　　（1）油性　发丝油腻，洗发第二天，发根已出现油垢，头皮如厚鳞片般积聚在发根，容易头痒。油脂分泌过剩，大多与荷尔蒙分泌紊乱、压力大、过度梳理、经常进食高脂肪食物有关。

　　（2）中性　头发柔软顺滑，有光泽，油脂分泌正常，每天脱发数量约30根，只有少量头皮屑。

　　（3）干性　油脂少，头发干枯、容易打结、松散，头皮干燥、容易有头皮屑。油脂分泌不足或头发缺乏水分，经常漂染或用过热的水洗发，会使头发干燥。

　　（4）混合性　头皮油但头发干。多数是油性头皮的人过度进行烫发或染发，又护理不当，以致发丝干燥但头皮仍油腻。

 小贴士

怎样测定头皮的性质

　　最简单的方法就是用手在头皮上来回擦几下，然后将手指按在一张薄纸上1min，若纸上出现油迹，则为油性头皮；若纸上出现夏季出汗时的手指留下的痕迹，则为中性头皮；若几乎看不到油迹，则为干性头皮。

　　不同发质的护理方法是不同的，见表2-7。

表2-7　不同发质的护理方法

发质	护理方法
油性发质	①注意清洁头皮，建议天天洗发 ②不要用过热的水洗发，以免刺激油脂分泌 ③护发素只宜涂在发干上，不要抹在头皮上 ④不要经常用发刷刷头，宜以梳子代替发刷，并只梳理发丝
中性发质	①注意头皮保养，洗发时经常进行头皮按摩，以保证血液循环良好，养分可以输送到发尾 ②定期修剪，保持秀发营养充足

（续）

发质	护理方法
干性发质	①用营养丰富的洗发水，无须天天洗发 ②每星期做两次焗油 ③避免曝晒在阳光下，宜使用含有防晒成分的护发产品和补湿产品
混合性发质	①集中修护发干，避免头发分叉或折断 ②停止烫发染发，修剪干枯发干，让头发得到休养 ③选用保湿型护发素，注意头部按摩 ④改善个人饮食，少食油腻食品，增加黑色食品的摄入量

提示： 使用符合自己发质的洗发水；洗发后先用干毛巾包住头发并吸干水分，确保自然风干；不可毛巾搓干，这种方法对头发伤害很大。

二、美发

完美无缺的面部构造是很少的，绝大多数人脸部或多或少存在着某种不足，如果选择好发型，就能起到遮盖或弥补的作用，还会使人精神焕发。

选择发型时，首先要强调个人的脸部个性，突出应突出的轮廓，强化美的感觉。切忌一时冲动，一味模仿别人的发型。其实发型的潮流无须追逐，使发型与自己的脸型、气质和谐地配合起来才是至关重要的。脸型与发型的关系，无论是从空间的位置上，还是在相互衬托相互装饰方面，都非常密切。

脸型是决定发型的最重要的因素之一，而发型由于其可变性又可以修饰脸型。前者是发型与脸型的协调配合，后者是利用发型来弥补脸型的缺点。发型修饰脸型的一般方法有：

1）衬托法。利用两侧鬓发和顶部的一部分头发，改变脸部轮廓，分散瘦长或宽胖头型和脸型的视觉。

2）遮盖法。利用头发来组成合适的线条或块面，以掩盖头面部某些部位的不协调及缺陷。

3）填充法。利用宽长波浪发来填充细长头颈，还可借助发辫、发鬈来填补头面部的不完美之处，或缀以头饰来装饰。

不同脸型与发型见表2-8。

表2-8　不同脸型与发型

脸型	脸型图片	发型选择
①椭圆形脸		一般说来，椭圆形是标准脸型，配任何发型都适合，短发显得年轻、可爱，事业进取型的职业女性最合适；长发成熟、妩媚，适宜女性味重的打扮。通常年龄越长，发型越短

脸型	脸型图片	发型选择
②四方脸		最重要的是要遮住四方的额头和宽阔的下颌，额头的波浪要柔和，下颌的头发要向内，使角度不明显
③圆形脸		柔和的波浪由眼睛开始到下颌处，或留长而直的头发来增加脸的长度，要尽量避免向后梳露出脸形的发型
④菱形脸		刘海要多而厚，使额头看上去宽阔些，突出的颧骨要用紧贴的头发遮住
⑤梨形或三角形脸		烫发是最好的方法，能使头发看上去多而卷，比较适合，最好不要强调下腮的宽大，发型要上大下小来平衡脸型
⑥心形脸		头发最好要短过下巴，多而波浪形的头发集中在下颌使脸型丰满一些，宽阔的太阳穴要用头发遮住。上方的美人尖可以好好地露出来

三、客运服务业发型要求

（1）发部的整洁　客运服务人员的头发必须保持健康、秀美、干净、清爽、卫生和整齐，注意头发的养护、清洗、梳理。头发清洁给人留下干净卫生、神清气爽的印象。披头散发、蓬头垢面则给人萎靡不振甚至缺乏教养的感觉。因此，客运服务人员无论是在工作中还是在交际活动中，都要对头发勤于梳理、清洗，保持卫生清洁。

通常情况下，男士半月理一次发，女士可根据自己的具体情况而定。夏季应当一两天洗一次头发。

（2）发部的造型选择　选择发型除了考虑个人偏好外，最重要的是要考虑个人条件和工作场合，体现和谐的整体美。面对乘客这一群体，客运服务人员的发型选择要以庄重、严肃、利落大方为原则。

1）男性客运服务人员的发型选择。长短适中，不宜过长，前发不要过双眉，侧发不掩耳，后发不及衣领，不留大鬓角，不要剃光头，不要过分追求时尚，更不要标新立异。刘海和鬓角不可过长，发尾不可超过衬衫领口，需要时适当地涂抹发用摩丝。

2）女性客运服务人员的发型选择。长发时，束起盘于脑后（见图2-2），保持两鬓光洁，无耳发。刘海可卷可直，但必须保持在眉毛上方。任何发型均应使用发胶或发用摩丝定型，不得有蓬乱的感觉。短发时，可卷可直，但发型不宜奇特，长度不得短于2寸（1寸=0.033m），以前不遮眉及面部，后不过肩膀为宜。

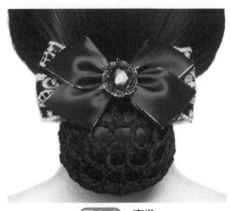

图2-2　束发

3）发型整理。发型应适合自己的脸型、风度。工作时按照规定梳理发型，不得梳各种怪异发型，严禁漂染色彩鲜艳的头发。

4）佩戴帽子与发饰要求（见图2-3）。男性客运服务人员帽檐边与眉毛保持水平，不露头帘。女性服务人员帽檐在额头的1/2处，不露出刘海，两侧不留耳发，发花与后侧帽子边沿相贴合，发饰只宜选择黑色且无花色图案的发卡。

a）女士　　　　　　　　　　　　b）男士

　戴帽修饰

任务实施：束发、佩戴帽子实训

1. 实训内容

客运服务人员的束发、佩戴帽子实训。

2. 实训目标

掌握客运服务人员束发、佩戴帽子的操作步骤。

3. 实训准备

梳子、束发带、发胶和帽子等。

4. 考核评分表（见表2-9）

表2-9　束发、佩戴帽子考核评分表

考核项目	考核标准	分值	得分
束发	长发：束起盘于脑后，保持两鬓光洁，无耳发	30分	
	刘海可卷可直，但必须保持在眉毛上方。任何发型均应使用发胶或发用摩丝定型，不得有蓬乱感	30分	
佩带帽子	男性客运服务人员帽檐边与眉毛保持水平，不露头帘。女性客运服务人员帽檐在额头的1/2处，不露出刘海，两侧不留耳发，发花与后侧帽子边沿相贴合	40分	

教师简要评语：

教师签字

课后习题

一、填空题

1.仪容，即容貌，包括面容（神态、表情）、_____、手部、体味和_____等，是个人仪表美的重要组成部分。

2.仪容修饰的基本要求是_____、_____、端庄。

3.客运服务人员在面对乘客时，发型要以_____、严肃、_____为原则。

4.客运服务人员在修饰与维护本人的仪容时，重点应放在_____、化妆修饰、_____、肢体修饰四个方面。

5. 妆前准备的程序是：束发→ _____ → _____ →修眉。

6. 男士 _____ 理一次发，女士可根据自己的具体情况而定。夏季应当 _____ 天洗一次头发。

7. 女性客运服务人员帽檐在额头的 _____ 处，不露出刘海，两侧不留耳发，发花与 _____ 相贴合。

二、判断题

1. 社交礼仪对仪容的首要要求就是仪容美。　　　　　　　　　　（　　　）

2. 勤洗脸即指早晚各一次，以减少汗液对皮肤的损害。　　　　　（　　　）

3. 指甲的长度要适度，以防断裂，从手心看，以不长过 1cm 为宜。（　　　）

4. 客运服务人员上岗前忌食葱、蒜、韭菜之类的刺激性食物。　　（　　　）

5. 要时刻注意自己的妆容，发现问题随时随地进行修整。　　　　（　　　）

6. 注意要在饭后补妆，保持妆容整洁。如未带化妆用品可借用他人的使用。（　　　）

三、名词解释

1. 仪容修饰

2. 仪容美

3. TPO 原则

四、简答题

1. 仪容修饰的功能是什么？

2. 仪容修饰的原则有哪些？

3. 简述客运服务人员的发型要求。

4. 简述化妆的基本步骤。

5. 简述化妆的原则和化妆禁忌。

6. 简述化妆的操作技巧。

客运服务礼仪

项目3 仪表礼仪

☞ **项目导学**

　　仪表礼仪即服饰礼仪，是一种无声的礼仪。服饰的大方和整洁有一种无形的魅力，它能反映一个人的社会生活、文化水平和各个方面的修养。正如莎士比亚所说："服饰往往可以表现人格。"一个人穿戴什么样的服饰，直接关系到别人对他个人形象的评价。服饰只有与穿戴者的气质、个性、身份、年龄、职业，以及穿戴的环境、时间协调一致，才能达到美的境界。

☞ **知识目标**

　　1.掌握着装的时间、地点及场合原则。
　　2.掌握男（女）士正装穿着礼仪，牢记穿着禁忌。
　　3.制服穿着要求、规范及注意事项。

☞ **技能目标**

　　1.学会领带的常用打法。
　　2.学会根据场合搭配正装并迅速穿搭。

☞ **素养目标**

　　1.培养学生在工作期间对着装的规范意识。
　　2.通过实训及考评，培养学生合作及取长补短的团队意识。

任务 1 学会穿着正装

情景导入

正装毫无疑问是职场人员、商务人员在正式场合着装的优先选择。要想使自己所穿的正装真正称心如意，就必须在正装的选择、正装的穿法和正装的搭配三个方面下大功夫，既不能循规蹈矩，毫无自己的特色，又要遵守相关的礼仪规范。

基本知识与基本能力积累

1. 着装的基本原则

（1）TPO 原则（时间、地点、场合原则）

1）时间原则（Time）。职业人士在着装时，必须考虑时间层面。时间涵盖了每天的早晨、中午、晚上等阶段，也包括春、夏、秋、冬四个季节。服装的穿着要做到随时间而更替。

2）地点原则（Place）。特定的地点、环境需要配以相适应、相协调的服饰，以获得整体的和谐感，实现人与地点相融洽的最佳效果。

3）场合原则（Occasion）。即在选择服装时，必须与特定的场合气氛相吻合。

（2）应己的原则　所谓应己，指着装要符合自身的条件和特点，包括三个方面：服饰样式应与自己的年龄和性别相适合；服饰颜色应与肤色相协调；着装时应考虑到自身的形体。

2. 男士正装穿着礼仪

在重要会议、会谈、庄重仪式以及正式宴会等场合，男士一般以西服为正装。一套完整的西服包括衬衫、领带、西裤、上衣、腰带、袜子和皮鞋。

（1）整体要求　合体挺括、熨烫平整，整体色彩控制在三种颜色以内，同时注意鞋、腰带应为同一颜色并以黑色为佳。

（2）衬衫选择　必须为纯色，以浅色为主，白色最常用。

1）领口、领型多为方领；领头要硬挺、清洁；衬衫衣领要高出西装衣领，衬衫衣袖要长于西装袖口 1cm 左右，以显示层次。

2）不论在何种场合，下摆务必塞进裤内，袖扣必须扣上。

3）内衣应单薄，以保持线条美。天冷时，可在衬衫外面再套一件西装背心或鸡心领羊毛衫，但不能显臃肿之态，衬衫要保持整洁、无皱褶，尤其是衣领和袖口。

（3）领带标准

1）长度以到皮带扣处为佳，切忌垂到裤腰以下。

2）颜色应与衬衣和西装搭配协调，一般应选择衬衣和西装的中间过渡色；图案以单色无图案的领带为主，有时也可选择以条纹、圆点、细格等规则形状为主的图案。

3）领带头一般在第四、五粒扣之间。若外面穿背心或羊毛衫，则必须将领带置于背心或羊毛衫内。

4）常用领带打法：

①平结（Ptain Knot）：如图3-1所示，平结是男士们选用最多的领带打法之一，几乎适用于各种材质的领带。完成后，领带呈斜三角形，适合窄领衬衫。

要诀：宽边在左手边，也可换右手边打；在形成凹凸情况下，尽量让两边均匀且对称。

图 3-1　平结图解

②温莎结（Windsor Knot）：如图3-2所示，温莎结是因温莎公爵而得名的领带结，是最正统的领带打法。打出的结呈正三角形，饱满有力，适合搭配宽领衬衫。该种打法应避免使用材质过厚的领带。

要诀：宽边先预留较长的空间，绕带时的松、紧会影响领带结的大小。

图 3-2　温莎结图解

③半温莎结（The Half-Windsor Knot）又名十字结，如图3-3所示。半温莎结最适合搭配尖领及标准式领口系列衬衣，它比温莎结小，系好后的领结通常位置很正。

要诀：使用细款领带较容易上手，适合不经常打领带的人。

图 3-3　半温莎结图解

④交叉结（Cross Kont）：如图 3-4 所示，交叉结的特点在于打出的结有一道分割线，适用于颜色素雅且质地较薄的领带。

要诀：打完领带后背面朝前。

图 3-4　交叉结图解

⑤四手结（The Four-Inohand）：如图 3-5 所示，四手结是所有领结中最容易上手的，适合宽度较窄的领带，搭配窄领衬衫，风格休闲，适用于普通场合。它通过四个步骤就能完成打结，故名为"四手结"。

要诀：宽边在左手边。

图 3-5　四手结图解

（4）纽扣系法　单排三粒扣西服，一般扣中间一粒或上两粒；单排两粒扣，只扣第一粒或全部不扣；双排扣全部扣上。

（5）西裤要求　应与上装相协调，长度以触到脚为宜，裤线应熨烫好，裤扣应扣好，拉链应拉到位。口袋尽量不放物品，名片、笔等轻薄物品可放在上衣左口袋内侧。

（6）鞋袜要求　应着深色料袜，并保持鞋面清洁光亮；忌穿白色袜子；袜筒要足够高、弹力要好，以免坐下后露出一截腿，极为不雅。

男士正装穿着禁忌

一忌西裤过短。二忌衬衫放在西裤外面。三忌不扣衬衫扣。四忌抬臂时西服袖子长于衬衫袖。五忌西服的衣、裤袋内鼓鼓囊囊。六忌领带太短（一般长度为领带尖盖住皮带扣）。七忌西服上装所有扣都扣上（双排扣西服则应都扣上）。八忌西服配便鞋（休闲鞋、球鞋、旅游鞋、凉鞋等）。

3. 女士正装穿衣礼仪

（1）服饰选择　一般以职业套装、套裙为宜，忌紧、透、露。服装颜色可有多种选择，统一协调，最佳颜色是黑色、藏青色、灰褐色、灰色和暗红色，精致的方格、印花的条纹也可以接受，如图 3-6 所示。

（2）衬衣　以单色为最佳之选。纯白色、米白色和淡蓝色与大多数套装相匹配；丝绸、纯棉都是最好的衬衫面料，但都要注意熨烫平整。

（3）裙子　女士正装裙子以窄裙为主，年轻女性的裙子可选择下摆在膝盖以上 3~6cm，但不可太短；中老年女性的裙子则应选择下摆在膝盖以下 3cm 左右；裙内应穿着衬裙；真皮或仿皮的西装套裙均不宜在正式场合穿着。

（4）丝巾

1）选择丝巾时需要注意包含有套裙颜色，以丝绸质为佳。

图 3-6　女士职业套装

2）丝巾系法：

①小蝴蝶结：如图 3-7 所示。

步骤 1　将丝巾折成合适的宽度，围在脖子上系一个单结，如图 3-7a 所示。

步骤 2　将丝巾系成一个小巧简单的蝴蝶结，如图 3-7b 所示。

技巧：因为要用长度较短的方巾系出小巧的蝴蝶结，所以第一个单结要系得稍微紧一些。

a）系单结　　　　　　　b）系蝴蝶结

图 3-7　小蝴蝶结系法

②小平结：如图 3-8 所示。

步骤 1　将小方巾对折。

步骤 2　折成合适的宽度。

步骤 3　围在脖子上系一个活结。

步骤 4　再系一个活结，成为平结。

技巧：想要给人留下鲜明的印象，最好不要将方巾折得过细，要把方巾折得稍微宽一些。

a）对折方巾　　　　b）折成合适宽度　　　c）系活结　　　　　d）系平结

图 3-8　小平结系法

③小领带结：如图 3-9 所示。

步骤 1　将丝巾折成合适的宽度，挂在脖子上，长的一端放在下面。

步骤 2　绕一次，包住短的一端，形成结眼。

步骤 3　长的一端由内至外从脖子前面的环穿出来。

步骤 4　塞进结眼，整理好即可。

技巧：注意内侧应该比外侧短 1~2cm 避免露出在外而影响美观。

a）折后挂脖子上　　b）绕一次成结眼　　c）长端从环内穿出　　d）长端塞进结眼

图 3-9　小领带结系法

④花冠结：如图 3-10 所示。

步骤 1　将丝巾折成百褶状。

步骤 2　将百褶状的丝巾绕在脖子上。

步骤 3　系一个活结，两端整理好，呈花冠形状。

技巧：最好选用色彩鲜艳带花边的方巾，更能突出美感和青春气息。方巾折叠宽度可根据颈部比例而定，以达到最佳效果。

图 3-10 花冠结系法

⑤心形结：如图 3-11 所示。

步骤 1　丝巾折成长条状，拿在手上。

步骤 2　系一个死结，整理成正三角形，即成为心形结。

步骤 3　围在脖子上，将心形结戴在颈中间位置，颈后以平结固定。

步骤 4　若感觉单调，可以用心形丝巾扣加以点缀。

技巧：适合温婉的女子，用以搭配低领上衣；不适合圆脸的女士，不能与方领搭配。

a）折成长条　　　　b）系死结　　　　c）调整位置　　　　d）适当点缀

图 3-11 心形结系法

⑥蔷薇花结：如图 3-12 所示，蔷薇花结的方巾材质不可太硬、太厚；适合颈部修长的女士，颈部较短的可以系在胸前；与 V 领搭配时可以柔化 V 领的线条，选择鲜艳的丝巾更具有女人味。

步骤 1　将丝巾两个对角打平结，尽量打小一点。

步骤 2　右边的丝巾角从结下穿过去。

步骤 3　和左边的丝巾角一起扭转一下。

步骤 4　把左边的丝巾角从结下穿回右边。

a）对角打结　　　　b）右边丝巾角穿过　　　　c）左边丝巾角扭转　　　　d）左边丝巾角穿过

图 3-12 蔷薇花结系法

⑦金鱼结：如图 3-13 所示，选择带有镶边的轻薄柔软的方巾，微微翘起的方巾角可以增加活力动感；丝巾的尾端长度要对称，对称会让造型看起来简单利落。

步骤 1　将丝巾折至合适的宽度围上脖子，一端长一端短。

步骤 2　将长的一端绕过短的一端，向上拉出一半，形成一个环。

步骤 3　将两个丝巾角一起穿过预留的环，调整好结的形状即可。

a）折后围在脖子上　　　　b）长端拉出　　　　c）两丝巾角穿过环

图 3-13　金鱼结系法

（5）鞋子

1）黑色船鞋最为妥当，穿着舒适，美观大方；建议鞋跟高度 3~4cm。

2）鞋的颜色应当和西服一致或再深一些；衣服从下摆开始到鞋的颜色应保持一致；整体相协调，颜色款式与服装相配。

3）正式场合不宜穿凉鞋、后跟用带系住的女鞋或露脚趾的鞋。

（6）袜子

1）应当配长筒袜子或连裤袜，颜色以肉色、黑色最为常用，肉色长筒丝袜配长裙、旗袍最为得体。

2）女士袜子要大小相宜，不可在公共场合整理自己的长筒袜子，而且袜子口不能露出，否则会很失礼。

3）不要穿带图案的袜子，避免引起人们注意你的腿部；要随身携带一双备用的肉色丝袜，以防袜子拉丝或破洞。

（7）首饰

1）发饰。指在头发上使用的具有约束头发、固定头发或起装饰作用的饰品；现代男士普遍不使用发饰；女士发饰的常见品种有发夹、发箍、头花、皮筋、发插（或发梳）、发卡等；发饰应力求简洁、实用，色彩不宜过于鲜艳花哨，材质不宜过于贵重。

2）耳饰。指佩戴在耳朵（多为耳垂部位）上的饰品，通常被女性佩戴。女士在服务工作岗位上，不适宜佩戴任何大的耳环或长的耳坠，只适宜佩戴小巧含蓄的耳钉，而且每只耳朵上只能佩戴一只耳钉。耳钉上若有宝石类镶嵌物，其直径不宜超过5mm，另外，耳钉的色彩应与制服的色彩搭配协调。

3）颈饰。指佩戴于颈部的饰品，早在原始社会就已出现。常见的颈饰类型有项链、项圈、长命锁等。女性客运服务人员可以佩戴项链，但其款式应简洁精致，色彩要与工作服装相协调。

4）胸饰、腰饰。

①胸饰是指佩戴于服装胸部和腰部的饰品，常见的品种有胸针（又称为胸花）、领带夹等，若单位要求佩戴本单位的徽章、姓名牌等，则不宜同时佩戴其他装饰性胸饰。

②腰带是一种既有实用价值又有装饰价值的服装配饰。腰带的材质、款式、颜色均应与身材、肤色、服装等相协调。客运服务人员穿着制服时，必须按规定使用制式腰带；腰带上不可挂手机、钥匙链等物品。

5）手饰。客运服务人员在工作岗位上常有较多操作性工作，若佩戴手镯或手链上岗，可能会给工作带来不便，同时也会使手镯或手链受损。因此，客运服务人员工作时间内不宜佩戴手镯或手链。

6）足饰。足饰包括脚镯、脚链、脚环等，除特殊规定外，客运服务人员一般不宜佩戴。

小贴士

女士穿衣礼仪禁忌

1. 不要穿着过于性感和暴露的服饰。

2. 薄纱型衣、裙、裤，因其透光性较强，穿着时需有内衬，不然会显得十分不雅。对于外国朋友来说，"透"比"露"更难以让人接受，因为在他们看来"透"不仅有碍观瞻，而且还说明穿戴者有不自爱之嫌。

3. 袜子是女性腿部的时装，要注意不应穿着跳丝、有洞或补过的丝袜外出。另外，袜子的大小松紧要合适，不要走不了几步就往下掉，或显得一高一低，当众整理袜子则有失体统。

任务实施：领带的常用打法

1. 实训目标

掌握常用的打领带方法。

2. 实训方法

学生根据自身衬衫衣领的特点选择合适的领带打法，要求在10min之内完成，教师加以点评。

3. 考核评分表（见表3-1）

表3-1　打领带考核评分表

考核项目	考核标准	分值	得分
选择领带打法	1.适合自己的衬衫衣领 2.适合场合	20分 10分	
打领带过程	1.自己独立完成，不需要参照书本图解 2.领带打法正确，并在10min之内完成 3.打好后的领带美观，领带松紧合适	20分 20分 30分	

教师简要评语：

教师签字

客运服务礼仪

任务 2　学会穿着制服

情景导入

　　制服标志着自己的职业特色,展现了公司的形象。它的设计充分考虑了穿着者从事的职业和身份,与环境相配,有一种美的内涵。多数公司都有自己的制服,以国内地铁公司制服为例,上海地铁公司制服继承了上海轨道交通标志的红色调,为红黑组合;成都地铁公司制服以蓝色调为主,点缀丝丝金色,颇具与国际潮流接轨的时尚感;天津地铁公司男装基本以藏青色外套加浅色衬衫为主,女装则是从青绿色渐变到深紫色。乘客看着身穿制服的工作人员也就是在看着公司。因此,客运服务人员在穿着制服的时候,要注意自己的仪容仪表,注意整洁,使自己的形象、举止符合制服应表现出的形象。美观的制服既突出了员工的精神面貌,也反映了企业的管理水平和卫生状况,如图3-14所示。

图 3-14　国内某地铁公司制服

基本知识与基本能力积累

一、制服穿着的要求和规范

　　1)外观整洁。制服平整挺括、完好无损、干净卫生、无异味,避免褶皱。

　　2)文明着装。避免穿着过分裸露、包头和过分瘦小的服装。

　　3)穿着搭配得当。配饰搭配以少而精为主,色彩、款式不超过3样;丝巾领带佩戴要规范;鞋袜按正装标准穿着。

二、制服穿着的注意事项

　　1)在穿着制服时不宜佩戴镶嵌宝石的装饰品,如手镯、悬垂挂件、装饰戒指、胸针和脚链等。

　　2)工作时不得佩戴两枚以上戒指。

3）耳钉的大小不许超过黄豆粒或超过3mm，不允许有悬垂物。

4）工作时不能佩戴装饰项链、珍珠项链等较夸张的饰物，最好佩带一条素链。

5）头上不得佩戴发圈和有颜色的发夹。

 知识链接

某地铁公司服务着装标准

1）当班员工上班时间应按规定穿着工作制服。帽徽调正，帽子戴正，帽绳并拢，帽檐不宜过低，以露出眉毛为宜，不要遮挡头发；西服和衬衣的纽扣都要扣好，佩戴工装腰带；女员工头花应夹在双耳后方中间位置，领花紧贴衣领上端，放在衬衣领下面、毛衣外面、西服里面；女员工夏季只穿着长/短袖衬衣时，衬衣需放于长裤外；男员工领带打到领口顶部，衬衣扎在腰带内；胸牌别在左胸前，衬衣第二、三粒扣子间，工牌保持水平，西服领不得遮挡工牌，防寒服别在第二、三个扣子间横杠处（无胸牌时需佩戴员工卡，着棉服、大衣时应戴在衣领外；着工装时应戴在衣领上方），保证着装整齐，标识佩戴齐全。

2）穿着工作制服时，应保持衣装整洁，不缺扣、不立领、不挽袖挽裤；凡穿着工作制服时，必须按规定穿工作鞋，系相应皮带，并保持光亮、整洁。

3）女员工穿着制服时，只能佩戴样式简洁大方的项链、戒指（只可佩戴一枚婚戒）、耳钉（款式简洁、非彩色、无坠、宝石类镶嵌物直径不得超过5mm、只可佩戴一副）、手表（款式大方得体，不佩戴款式怪异的手表），其他饰品和款式夸张的项链、戒指、手镯（手链）一律不允许佩戴。男员工只可戴一枚简单的戒指及款式适宜的手表。

4）原则上只能在工作地点、工作时间穿着工作制服。非工作时间穿着工作制服的员工，行为举止一律按上岗时的规定执行。

任务实施：正装及制服的穿着

1. 实训目标

掌握正装、制服的穿着规范。

2. 实训方法

学生每5人一组，根据不同场合进行服装搭配并展示；分组考核；学生点评总结。

3. 考核评分表（见表3-2、表3-3）

客运服务礼仪

表 3-2　男士正装着装礼仪考核评分表

考核项目	考核标准	分值	得分
正装基础规范	1. 外观整洁、无异味 2. 熨烫整齐、无破损	10 分 10 分	
制服的穿着规范	1. 衬衫、领带、西服和皮鞋的颜色搭配 2. 衬衫整洁、挺括、扎法正确 3. 衣领、袖口着装规范 4. 领带佩戴标准 5. 扣子系法正确 6. 制服裤子的长度合适 7. 鞋袜颜色搭配	10 分 10 分 10 分 20 分 10 分 10 分 10 分	

教师简要评语：

教师签字

表 3-3　女士正装着装礼仪考核评分表

考核项目	考核标准	分值	得分
正装基础规范	1. 外观整洁、无异味 2. 熨烫整齐、无破损	10 分 10 分	
制服的穿着规范	1. 配饰佩戴规范 2. 衬衫整洁、挺括、扎法正确 3. 衣领袖口着装规范 4. 上衣、裤装搭配 5. 鞋袜颜色搭配	20 分 20 分 10 分 20 分 10 分	

教师简要评语：

教师签字

课后习题

一、填空题

1. 着装原则中的 TPO 原则包括 _____、地点原则、_____。

2. 男士常用领带打法有半结、_____、半温莎结、_____ 和 _____。

3. 男士一般以 _____ 为正装，一套完整的西服包括衬衫、领带、_____、上衣、腰带、袜子和 _____。

4. 女士丝巾系法主要有 _____、小平结、小领带结、_____、_____、蔷薇花结和金鱼结。

5. 女士正装中的衬衣以 _____ 为最佳之选。

6. 女士正式场合不宜穿 _____、后跟用带系住的女鞋或露脚趾的鞋。

二、简答题

1. 简述制服穿着的要求和规范。
2. 制服穿着的注意事项有哪些？
3. 男士正装穿着禁忌有哪些？
4. 女士正装穿着禁忌有哪些？

项目 4　仪态礼仪

☛ **项目导学**

　　仪态也叫作仪姿、姿态，泛指人们身体所呈现出的各种姿态，包括举止动作、神态表情和相对静止的体态。人们的面部表情，体态变化，行、走、站、立、举手投足都可以表达思想感情。仪态是表现个人涵养的一面镜子，也是构成一个人外在美好的主要因素。不同的仪态显示人们不同的精神状态和文化教养，传递不同的信息，因此仪态又被称为体态语言。

☛ **知识目标**

　　1. 掌握仪态礼仪的基本原则、基本要素及练习方法。
　　2. 掌握站姿的基本要求、标准，以及工作中不同的站姿方式、禁忌。
　　3. 掌握坐姿的基本要求、标准，以及常见的坐姿。
　　4. 掌握行姿的基本要求、标准，以及工作中不同的行姿方式、禁忌。
　　5. 掌握蹲姿的基本要求、蹲姿的不同形式、蹲姿禁忌。

☛ **技能目标**

　　1. 学会使用表情，以及使用正确的站姿、坐姿、行姿及手势。
　　2. 掌握表情礼仪的基本要求、正确的仪态要求。

☛ **素养目标**

　　1. 培养学生按照仪态礼仪的规范要求为搭乘交通运输工具的乘客提供有效服务。
　　2. 通过实训内容，培养学生的团队协作、团结互助意识。

任务1 表情礼仪培养

情境导入

某航空公司在服务中曾经发生过这样一件事情：在上海飞往广州的航班上，两位美国女士刚上飞机，就一边皱眉头、掩着鼻子，一边嚷着舱里空气不好。一位女乘务员微笑着走过来，一边请她们谅解，一边递上一小瓶香水。没想到的是香水却被她们扔到客舱座位的角落里去了。此时这位女乘务员心里很不是滋味，她的自尊受到了伤害，但还是微笑着给她们送来可口可乐。可是她们还没喝，就说可乐有问题，甚至过分地将可乐泼到女乘务员的身上。这时这位女乘务员该怎么办？如果在生活中，她是该奋起反击了，但作为空乘人员，她必须理智地化解这一难题。只见这位女乘务员强忍着这种极端无礼的行为和对自己人格的污辱，再次把可口可乐递了过去，不卑不亢地微笑着说："女士，这些可口可乐是美国的原装产品，也许贵国这家公司的可乐都是有问题的。我很乐意效劳，将这瓶可口可乐连同你们的芳名及在美国的地址，一起寄给这家公司，我想他们肯定会登门道歉并将此事在贵国的报纸上再加渲染的。"两位美国女士目瞪口呆，这位智慧的女乘务员又微笑着将其他饮料送给她们。

事后，这两位美国女士在留下的信中检讨说她们自己太苛刻，太过分，并称赞中国空乘人员的服务和微笑是一流的。当女乘务员的自尊一再受到伤害时，"制服"对方的办法不是"以眼还眼，以牙还牙"，而是用自己智慧的微笑一下子就使自己的形象高大起来，使自己的人格力量得以升华，同时解决了棘手的难题。微笑是如此富有魅力、让人折服。其实微笑一下并不费力，但它却产生了无穷的魅力，使受惠者富有，施予者并不贫穷，它转瞬即逝，却往往留下永久的回忆。

基本知识与基本能力积累

一、表情礼仪的基本原则

表情，即面部表情，是指眼睛、嘴巴、鼻子、面部肌肉以及它们的综合运用所反映出的心理活动和情感信息。

表情礼仪是专指人的表情所包含的礼仪要素。表情是人的心理状态的外在表现，表情在传达一个信息的时候，视觉信号占55%、声音信号占38%、文字信号占7%。

优雅的表情，可以给人留下深刻的第一印象。

在客运服务人员与乘客交往时，服务人员的面部表情可以给人们最直接的感觉和情绪体验。当表情与语言、行为表示一致时，就会拉近服务人员与乘客间的距离。同时，好的表情也能给乘客带来好的心情和良好的沟通。

表情礼仪的应用一般要遵循以下原则：

（1）宽容的原则　即人们在活动中运用礼仪时，既要严于律己，更要宽以待人。

（2）敬人的原则　即人们在交往中，要敬人之心常存，处处不可失敬于人，不可伤害他人的尊严，更不能侮辱对方的人格。

（3）自律的原则　这是礼仪的基础和出发点，学习、应用礼仪，最重要的就是要自我要求、自我约束、自我控制、自我对照、自我反省和自我检点。

（4）遵守的原则　在交际应酬中，每一位参与者都必须自觉自愿地遵守礼仪，用礼仪去规范自己在交往活动中的言行举止。

（5）适度的原则　应用礼仪时要注意做到把握分寸、认真得体。

（6）真诚的原则　运用礼仪时，务必诚信无欺、言行一致、表里如一。

（7）从俗的原则　由于国情、民族、文化背景的不同，必须坚持入乡随俗，与绝大多数人的习惯做法保持一致，切勿目中无人、自以为是。

（8）平等的原则　这是礼仪的核心，即尊重交往对象、以礼相待，对任何交往对象都必须一视同仁，给予同等程度的礼遇。

二、表情礼仪的基本要素

1. 眼神

俗话说 "眼睛是心灵的窗户"。人们在日常交往中，借助眼睛来传递信息，因此眼神可以称为"眼语"。从一个人的眼睛可以看到他整个内心世界。所以，孟子才说："存乎人者，莫良于眸子。眸子不能掩其恶。胸中正，则眸子瞭焉。胸中不正，则眸子眊焉。听其言也，观其眸子，人焉廋哉？"印度诗人泰戈尔也曾说过："一旦学会了眼睛的语言，表情的变化将是无穷无尽的。"许多社会学家和心理学家的实验也表明，在人体的各个器官中，眼睛最能传情达意。"人的眼睛和舌头说的话一样多，不需要字典，却能够从眼睛的语言中了解整个世界。"眼神目光是面部表情的核心。在人际交往时，目光是一种真实的、含蓄的语言。

艺术家们往往会通过对人物面部表情的描绘，来表现人物内心的情绪和情感，栩栩如生地展现人物的精神风貌。

一个良好的形象，目光应是坦然、亲切、友善、有神的。眼神的运用要注意时间、角度、部位、方式、变化 5 个方面。

（1）注视时间　在交谈中，听的一方通常应多注视说的一方，目光与对方接触的时间一般占全部时间的 1/3。

①表示友好——不时注视对方，占全部相处时间的 1/3 左右。

②表示尊重——常常把目光投向对方，占相处时间的 2/3 左右。

③表示轻视——目光游离，注视时间不到相处时间的 1/3。

④表示敌意或感兴趣——目光始终注视对方，注视对方的时间超过相处时间的 2/3。

（2）注视部位　注视对方部位的不同，传达的信息也有所区别，造成的气氛也必将不同。不同的场合和不同的交往对象，目光所及之处应有所差别。

①双眼及额头——表示严肃、认真、公事公办，这种情况属于公务型。

②双眼及唇部——表示礼貌、尊重对方，这种情况属于社交型。

③双眼、唇部、胸部——用于密切的男女关系和至亲的朋友，这种情况属于亲密型。

（3）注视角度

①直视——表示认真、尊重，适用于各种情况。

②凝视——表示对交往对象的专注、恭敬。

③虚视——目光游离，表示胆怯、疑虑、走神、疲劳，或是失意、无聊等。

④扫视——表示好奇、吃惊。

⑤俯视——可表示对晚辈的宽容、爱怜，也可表示轻视、傲慢他人。

2. 笑容

有效地利用笑容，可以缩短彼此之间的心理距离，打破交际障碍，为深入地沟通与交往创造和谐、温馨的良好氛围。

（1）合乎礼仪的笑

1）含笑——不出声、不露齿，表示接受对方，对人友善，适用范围较广。

2）微笑——唇部向上移动，呈弧形，不露齿，表示自信、乐观、友好，使用范围最广。一般微笑时间不超过7s。

3）轻笑——嘴巴稍张开，露上齿（8 颗牙齿），不出声，表示欣喜、愉快，多用于会见客人，招呼熟人。

4）浅笑——抿嘴笑，往往下唇被含于牙齿间，多见于年轻女性害羞之时。

5）大笑——看到舌头，表现得过分张扬，不太适用于公务场合。

（2）笑容细节　对客运服务人员来说，"温暖而明亮的微笑"就是生命。只有面带真诚的微笑，才能给乘客带来舒适感。

注意日常细节的管理：

1）日常中避免做过于夸张的表情，否则，会让整个面部变得非常拧巴。

2）微笑时，以轻轻露出上排牙齿、抿嘴为范本，找出适合自己脸型、嘴型的笑容。

3）沉默时，注意管理好面部肌肉以及嘴角，尽量下巴紧绷，牙齿对齐稍稍咬紧，头不要前伸，不要让整个脸部整体垮下来。

4）不要经常有舔嘴唇、抿嘴、惊讶状、皱眉头、伸脖子等动作，偶尔一次可以，但是不要成为习惯，毕竟想要通过小细节变美是要时刻注意与保持的。

（3）保持微笑的作用　笑容是一种能令人感觉愉快的面部表情，笑不仅可以缩短人与人之间的心理距离，而且可以为深入沟通与交往创造温馨和谐的氛围。因此，笑容是人际交往的润滑剂。而在笑容当中，微笑最自然大方，最真诚友善。人们普遍认同微笑是基本笑容或常规表情。

在工作交往中，保持微笑，至少有以下几个方面的作用：

1）微笑表现了心境的良好。面露平和欢愉的微笑，说明心情愉快，充实满足，乐观向上，善待人生，这样的人才会产生吸引别人的魅力。

2）微笑表示自己充满自信。面带微笑，表明对自己的能力有充分的信心，以不卑不亢的态度与人交往，使人产生信任感，容易被别人真正地接受。

3）微笑体现真诚友善。微笑反映自己心底坦荡，善良友好，待人真心实意，而非虚情假意，使人在与其交往中自然放松，不知不觉地缩短了心理距离。

4）微笑表现乐业敬业。工作岗位上保持微笑，说明热爱本职工作，乐于恪尽职守。在服务岗位，微笑更是可以创造一种和谐融洽的气氛，让服务对象倍感愉快和温暖。

真正的微笑应发自内心，笑容中渗透着自己的情感，表里如一，毫无包装矫饰的微笑才具有感染力。

三、表情礼仪的练习方法

1. 眼神分析

眼神也是能区别与练习的。眼神是变化和流动的，不需要语言就能传递思想和情感，所以眼神又叫作非语言符号，也就是不发声的时候也能够传递情感。

为了让大家能够更好地感觉到这一点，我们把眼神分为三块。

1）眼神的距离与范围。当我们的朋友从远处向我们走来时，我们的眼神能聚焦到的点是对方的哪里呢？为了规范这个距离，我们要进行拆分，把它拆分为远、中、近。什么距离算远呢？我们把它定义为5m之外，中距是3~5m，近是3m。

当一个人离我们的距离在5m之外的时候，我们的眼睛锁定的是整个人。当对方越来越走近我们的时候，我们的眼神会有一个慢慢回收的过程，在这个过程中，我们的目光会在对方的肩部以上的位置，即肩部以上的大轮廓，为的是能锁住对方。当距离再一次缩短的时候，3m以内，叫作社交距离。这个距离分为两种注视模式：第一种注视模式是社交模式，在社交模式下，眼神会比较柔和，而且这个时候的眼神还会有流动。3m以内、1m以外，是与客户进行社交的一个距离。在社交的时候，我们眼神的范围在眉毛和眼睛然后再到下巴的位置。第二种注视模式是谈判模式，在谈判模式下，需要固定地看向对方的眉宇。我们不难发现，从眉宇到鼻尖，我们的注视距离慢慢地缩小了。

总之，我们的眼神随着距离的由远及近越来越集中和缩小了。因此，我们要以距离来区分眼神：第一个 5m 以外，叫作 5m 观全身；当距离越来越近，3~5m 的时候，就是一个逐渐锁定的过程，叫作大三角，它的距离是由头部到肩以上。当彼此之间需要交流的时候，可分为两个场景，一个是要建立社交交流的时候，即让关系柔和一些的时候，眼神的范围是倒三角，它的距离是从眉宇到下巴；当涉及是还是不是，做还是不做，以及做选择与决定的时候，眼神的范围是小三角，即固定看向对方的眉宇，如图 4-1 所示。

大三角　　　　　　　　倒三角　　　　　　　　小三角

图 4-1　眼神的范围

2）眼神呈现的状态。眼神有各种状态，有时要柔和，有时要温柔，有时要真诚。一般地，我们把眼神分为固态、液态和气态。

固态眼神一般是指在我们意志坚定地给对方讲述一件事情的时候使用的眼神，或者是某人在发怒生气的时候使用的眼神，此时的眼神也一定是坚定的。那么液态呢？当我们要与 12 点钟方向的伙伴进行交流时，我们的眼神一定要看向 12 点钟的方向，当我们要与 5 点钟方向的另一位伙伴进行交流时，我们的眼神要从 12 点钟方向转移到 5 点钟的方向，在此过程中，我们的眼神要从 12 点钟的方向顺着 1 点钟，2 点钟，3 点钟一直流动到 5 点钟的方向。如果我们的眼神从 12 点钟方向跳过中间的范围直接到 5 点钟的方向，此时眼神就是两个固定点的变化，此时，处于 12 点钟与 5 点钟范围之间的那些沟通对象就无法接收到眼神，有种被无视的感觉，而且眼神在这样两个固定点间发生跳跃，会有两次闭合动作，会产生交流的断层。所以我们会发现，此种情况下最容易传递感情与交流的眼神是流动的眼神叫作液态眼神。液态眼神常常用"温柔如水"四个字来形容，因为像水一样的眼神一定是非常柔和的。

当人们在欣赏风景的时候，或者是一个人在发呆的时候。气态眼神是不可以在职场中使用的，这样会给人一种心不在焉的感觉，非常不尊重别人。

因此，我们会说在社交场合和服务性场合中，一定要用液态眼神，让每一个交流的对象或乘客都能收到信息，感觉到自己被对方所关注。

3）目光的角度。目光的角度有三种，第一种叫俯视，俯视就是往下看，俯视的眼神会给人以压迫感。第二种叫仰视，仰视往往带有敬仰的含义比较多。第三种叫平视。

例如，在服务柜台中，用俯视或仰视的目光就不合适了，在这种服务场景中就会有了平视的要求，平视后就会有更好的交流与关注。再比如，我们教育孩子的时候，最好蹲下来与孩子交流，这时你是真正尊重孩子的。

不同目光角度表达不同的含义：

①正视或平视对方：表示平等相对。

②仰视：表示尊重和敬畏对方。

③俯视：表示轻视、歧视对方或长辈对晚辈的宽容与怜爱等。

④侧视或斜视对方：表示厌恶、蔑视、挑衅或怀疑对方，如图 4-2 所示。

图 4-2　目光的角度

2. 眼神训练方法

（1）定眼　眼睛盯着一个目标，分正定法和斜定法两种。

1）正定法：在前方 2~3m 远的明亮处，选一个点。点的高度与眼或眉基本相平，最好找一个不太显眼的标记。进行定眼训练时，眼睛要自然睁大，但眼轮肌不宜收得太紧。双眼正视前方目标上的标记，目光要集中，不然就会散神，注视一定时间后可以眼微闭休息，再猛然开眼，立刻盯住目标，进行反复练习。

2）斜定法：要求与正定法相同，只是所视目标与视者的眼睛成 25° 斜角，训练要领同正定法。

（2）转眼　眼珠在眼眶里上下左右来回转动，包括定向转、慢转、快转、左转和右转等。定向转眼的训练有以下各项：

1）眼珠由正前方开始，移到左眼角，再回到正前方，然后再移到右眼角。如此反复练习。

2）眼珠由正前方开始，由左移到右，由右移到左。如此反复练习。

3）眼珠由正前方开始，移到上（不能抬眉），回到前；移到右，回到前；移到下，回到前；移到左，回到前。如此反复练习。

4）眼珠由正前方开始，由上、右、下、左各做顺时针转动，每个角度都要定住，眼球转的路线要到位，然后再做逆时针转动。如此反复练习。

左转：眼珠由正前方开始，由上向左按顺序快速转一圈后，眼珠立即定在正前方。

右转：同左转，方向相反。

慢转：眼珠按同一方向顺序慢转，在每个位置、角度上不要停留，要连续转。

快转：方向同慢转，不同的是速度加快。

以上训练开始时，一拍一次，一拍二次，逐渐加快。但不要操之过急，正反都要练习。

（3）扫眼　眼睛像扫把一样，视线经过路线上的东西都要全部看清。

1）慢扫眼：在离眼 2~3m 处，放一张画或其他物体。头不动，眼睛由左向右做放射状缓缓横扫，再由右向左，四拍一次，进行练习。视线扫过所有东西尽量一次全部看清。眼珠转到两边位置时，眼睛一定要定。逐渐扩大扫视长度，两边可增视斜 25°，头可随眼走动，但要平视。

2）快扫眼：要求同慢扫眼，但速度加快，由两拍到位，加快至一拍到位，两边定眼。

初练时，眼睛稍有酸疼感。这些都是练习过程中的正常现象，期间可闭目休息 2~3min，眼睛肌肉适应了，这些现象也就消失了。

手之所至，腿随之；情之所至，心随之；心之所至，眼随之。在训练中要注意结合感情表现，进行训练。

人们在日常生活中借助于眼神所传递出信息，可称为眼语。在人类的 5 种感觉器官眼、耳、鼻、舌、身中，眼睛最为敏感，它通常占有人类总体感觉的 70% 左右。因此，泰戈尔指出："一旦学会了眼睛的语言，表情的变化将是无穷无尽的。"

为了让我们在不同场合下的交流对象有良好的体验，眼神也是可以练习的，感觉不同角度、不同状态的眼神带来的是什么样的感觉，如果自己感觉到不舒服了的眼神，我们要进行相应的调整与训练。

3. 微笑训练

（1）微笑训练应注意的事项有：

1）掌握微笑的技巧：眼到、口到、心到、神到和情到。

2）自然微笑法：试着对镜子说"E—"，轻轻浅笑并减弱说"E—"的程度。重复练习这两个动作。

3）微笑的三结合：与眼睛的结合；与语言的结合；与身体的结合。

4）恰到好处的微笑标准：表现谦恭，表现友好，表现真诚，表现适时，切忌表达过度。

（2）具体训练方法

1）顶书训练法。很多人不明白为什么微笑训练要有一项顶书训练。其实，有些时候，我们笑起来时头部会不自觉地有些上扬，此时容易被人误解为我们很骄傲；但是，如果我们低着头微笑，又让人觉得我们有些害羞，不够落落大方。因此，通过顶书训练，让我们的头部摆正，这样微笑的时候就气质更好了，如图4-3所示。

图4-3 顶书训练法

2）含筷训练法。这种方法是很多企业和公司正在使用的方法，就是在微笑的同时用牙齿咬住一根筷子，此时露出的牙齿数量和嘴巴微笑的弧度是最令人舒服的，如图4-4所示。

图4-4 含筷训练法

3）对镜自揽法。对镜自揽法就是自己照镜子训练。微笑的弧度，露出牙齿的数量，眼睛有没有上扬等，一目了然。当然，采用这个方法，前提就是我们知道微笑的标准是什么。

4）回忆快乐事情法。很多人担心自己笑不出来，那么我们可以回想一下记忆中有哪些让我们快乐的事情。想到这些美好的事情，我们自然就会嘴角上扬，一个漂亮的微笑就出来了。

5）相互评价法。这个方法实际上和对镜自揽法是一样的，只是其他同事或者朋友能从旁观者的角度帮我们迅速找到问题所在。这个实际上是一个非常好的训练方法，因为我们的微笑别人看得见，自己看不见，相互评价能让彼此的微笑技巧更快得到提升。

任务实施：表情礼仪

1. 实训内容

分组互相检测表情礼仪是否合格。

2. 实训目标

掌握客运服务人员表情礼仪要求。

3. 实训准备

课前整理个人表情礼仪。

4. 考核评分表（见表4-1）

表4-1　表情礼仪检查考核评分表

考核项目		考核标准	分值	得分
表情礼仪	面部表情	和蔼可亲，伴随微笑自然地露出6~8颗牙齿，嘴角微微上翘；微笑注重"微"字，笑的幅度不宜过大。微笑时真诚、甜美、亲切、善意、充满爱心；口眼结合，嘴唇、眼神含笑	50分	
	眼睛眼神	面对乘客目光友善，眼神柔和，亲切坦然，眼睛和蔼有神，自然流露真诚。眼睛礼貌地正视乘客	10分	
		眼神的集中度：用眼睛注视于乘客脸部三角部位，即以双眼为上线，嘴为下顶角，也就是双眼和嘴之间	10分	
		眼神的光泽度：精神饱满，在亲和力理念下保持慈祥的、神采奕奕的眼光，再辅之以微笑和蔼的面部表情	10分	
		眼神的交流度：迎着乘客的眼神进行目光交流，传递你对乘客的敬意与你的善良之心。自然的神采奕奕的眼光和磁性的亲和力的眼神	20分	
总体得分				

教师简要评语：

教师签字

客运服务礼仪

任务 2 站姿礼仪培养

情境导入

站姿是人的一种本能，是一个人站立的姿势。它是人们平时所采用的一种静态的身体造型，同时又是其他动态身体造型的基础和起点。常言道："站如松，坐如钟。"这是中国传统的有关于形象的标准。人们在描述一个人生机勃勃充满活力的时候，经常使用"身姿挺拔"这类词语。站姿是衡量一个人外表乃至精神的重要标准。从一个人的站姿，人们可以看出他的精神状态、品质、修养及健康状况。

基本知识与基本能力积累

图4-5 女士标准站姿

一、站姿的基本要求

站姿又称为立姿，指的是人在停止行动时，双脚着地，直立自己身体的姿势。

上身正直，挺胸收腹，腰直肩平，两臂自然下垂、两腿相靠站直、肌肉略有收缩。站立要端正，眼睛平视，嘴微闭，面带微笑，双肩自然下垂或在体前交叉，以保持向乘客提供服务的最佳状态，如图4-5所示。

二、站姿的标准

1）昂头挺胸，头要正，颈要挺直，双肩展开向下沉。

2）要把腹部收起，把腰杆立直，臀部提起。

3）两腿要向中间并拢，膝盖放直，重心靠近前脚掌。

4）站立时要保持微笑。愉悦的心情可以感染整个场合。

5）男士可以适当把两脚分开一些，尽量和肩膀在一个宽度上。

6）女士要把四根手指并拢，呈虎口式张开，右手要搭在左手上，拇指互相交叉，脚跟互靠，脚尖分开，呈V形结构站立。

7）女性如若穿旗袍可以站成丁字状，颔稍微收一下，双手交叉着放在肚脐左右。

三、工作中不同的站姿方式

站姿是影响个人仪态美最基础、最关键的因素，所以商务人士、服务行业的从业人员，尤其应该注意自己的站姿，自然挺拔的站姿能给人一种可靠而干练的形象。一般说来，站姿可以根据从业人员的行业、岗位的不同而不同。

（1）正规站姿　正确的礼仪站姿是抬头、目视前方、挺胸立腰、肩平、双臂自然下垂、收腹、双腿并拢直立、脚尖分开呈V字形、身体重心放到两脚中间；也可两脚分开，比肩略窄，将双手合起，放在腹前或背后，如图4-6所示。

图 4-6　正规站姿

（2）背手站姿　即双手在身后交叉，右手放在左手外面，贴在两臀中间。两脚可分开也可并列，分开时，不得超过肩宽，脚尖展开，两脚夹角成60°，挺胸立腰，收颌收腹，双目平视。这种站姿优美中略带威严，易产生距离感，所以一般用于门卫和保卫人员。如果两脚改为并立，则突出了尊重的意味，如图4-7所示。

（3）叉手站姿　即两手在腹前交叉，右手搭在左手上直立。这种站姿，男性可以两脚分开，距离不超过20cm。女性可以用小丁字步，即一脚稍微向前，脚跟靠在另一脚内侧。除保持正确的站姿外，男性两脚分开，比肩略窄，将双手合起放于腹前；女性双腿并拢，脚尖分开呈V字形，双手合起放于腹前。这种站姿端正中略有自由，郑重中略有放松。在站立中身体重心还可以在两脚间转换，以减轻疲劳，这是一种常用的接待站姿，如图4-8所示。

（4）背垂手站姿　即一手背在身面，贴在臀部，另一手自然下垂，手指自然弯曲，中指对准裤缝，两脚可以并拢也可以分开，也可以成小丁字步，如图4-9所示。这种站姿，男性多用，显得大方、自然、洒脱。

图 4-7　背手站姿

图 4-8　叉手站姿

图 4-9　背垂手站姿

　　以上这几种站姿密切地联系着工作岗位，若在日常生活中适当运用，则会给人们挺拔俊美、庄重大方、舒展优雅、精力充沛的感觉。

四、男士礼仪站姿

　　（1）双腿直立式　　双膝相靠，后脚跟并拢，直立。此种脚位适合于短时间站立，如迎送宾客等场合。

　　（2）分腿站立式　　两腿分开约一肩宽，双膝直立。

　　（3）单腿直立式　　以单腿轮换为支点，另一腿往侧前方斜放；做军队队列中的"稍息"状，适合于长时间站立时使用。

　　站姿可以体现出男士的教养和性格。男士标准站姿礼仪：男性站立时，身体要立直，挺胸抬头，下颌微收，双目平视，两膝并严，脚跟靠紧，脚掌分开呈"V"字形，挺髋立腰，吸腹收臀，双手置于身体两侧自然下垂，如图 4-10 所示。

图 4-10　男士站姿

五、女士站姿

1）身体立直，抬头挺胸，下颌微收，双目平视，面带微笑，双手自然垂直于身体两侧，脚跟紧靠，脚尖分开呈"V"形，如图 4-11 所示。

2）身体立直，抬头挺胸，下颌微收，双目平视，面带微笑，右手搭在左手上轻贴于腹部，两脚呈小"丁"字步，如图 4-12 所示。

图 4-11　女士站姿（1）　　　　图 4-12　女士站姿（2）

六、站姿禁忌

（1）弯腰驼背　在站立时，一个人如果弯腰驼背，除去其腰部弯曲、背部弓起之外，通常还会同时伴有颈部弯缩、胸部凹陷、腹部凸出、臀部撅起等一些其他的不良体态。

这样显得一个人缺乏锻炼、无精打采，甚至健康不佳。

（2）手位不当　在站立时，必须注意以正确的手位去配合站姿。若手位不当，则会破坏站姿的整体效果。站立时手位不当主要表现在：一是双手抱在脑后；二是用手托着下巴；三是双手抱在胸前；四是把肘部支在某处；五是双手叉腰；六是将手插在衣服或裤子口袋里。

（3）脚位不当　在正常情况下，"V"字步、"丁"字步或平行步均可采用，但要避免"人"字步和"蹬踩式"。"人"字步也就是"内八字"步；"蹬踩式"指的是在一只脚站在地上的同时，把另一只脚踩在鞋帮上，或是踏在其他物体上。

（4）半坐半立　在正式场合，必须注意坐立有别，该站的时候就要站，该坐的时候就要坐。在站立之际，绝不可以为了贪图舒服而擅自采用半坐半立之姿。当一个人半坐半立时，不但样子不好看，而且还会显得过分随便。

（5）身体歪斜　站立时身体不能歪歪斜斜。若身躯明显地歪斜，如头偏、肩斜、腿曲、身歪，或是膝部不直，不但直接破坏了人体的线条美，而且还会使自己显得颓废消沉、萎靡不振或自由放荡。

七、站姿练习方法

（1）靠墙站立法　就是说，身体背靠着墙，让后脑勺、肩胛骨、臀部、脚后跟都能与墙面呈点接触，这样就能体会到正确站立时身体各部位的感觉了。之后，可以每天练习，比如每天靠墙站立 20min，或者分时间段来练习体会靠墙站立的感觉。

（2）顶书训练法　把书本放在头顶中心，为了使书不掉下来，头、躯体自然会保持平稳，否则书本将滑落下来。这种训练方法可以纠正低头、仰脸、头歪、头晃及左顾右盼的毛病，如图 4-3 所示。

（3）对镜训练法　每人面对镜面，检查自己的站姿及整体形象，看是否歪头、斜肩、含胸、驼背、弯腿等，发现问题及时调整。

任务实施：站姿礼仪

1. 实训内容
分组互相检测站姿礼仪是否合格。

2. 实训目标
掌握客运服务人员站姿礼仪要求。

3. 实训准备
课前整理个人站姿礼仪。

4. 考核评分表（见表 4-2）

表 4-2　站姿礼仪检查考核评分表

考核项目		考核标准	分值	得分
站姿礼仪	身体各部位的正确姿态	头、颈：昂头挺胸，头要正，颈要挺直	10分	
		两肩、胸：挺胸收腹、腰直肩平	10分	
		腰部：腹部收起，腰杆立直	10分	
		手位两肩平正，双臂自然下垂于身体两侧	10分	
		两脚：或并拢或呈 V 字形或 J 字形	10分	
	不同站姿的展示	正规站姿	10分	
		背手站姿	10分	
		叉手站姿	10分	
		背垂手站姿	10分	
	顶书训练效果	头、躯体自然会保持平稳	10分	
		总体得分		

教师简要评语：

教师签字

客运服务礼仪

任务 3　坐姿礼仪培养

情境导入

礼仪场合坐姿的基本要求是保持上身正直。儒家讲究人的身体"正"和内心的"中"，认为这是君子内外一致的表现。标准规范的坐姿要求端庄优美，给人以文雅、稳重、自然大方的美感。

基本知识与基本能力积累

一、坐姿的基本要求

坐姿通常是指人体在坐着时候的姿态。

正确坐姿，除了有技巧摆放双腿外，还应时时保持上半身挺直的姿势，也就是颈、胸、腰都要保持平直。

人们挺胸坐在腓骨高度的平面上，头部以眼耳平面定位，眼睛平视前方，左、右大腿大致平行，膝弯屈大致成直角，足平放在地面上，手轻放在大腿上，如图 4-13 所示。

图 4-13　坐姿

二、坐姿的标准

1）入座时要轻而稳，走到座位前，转身后轻稳地坐下。女子入座时，若是裙装，应用手将裙摆稍稍拢一下，不要坐下后再站起来整理衣服。

2）面带笑容，双目平视，嘴唇微闭，微收下颌。

3）双肩平正放松，两臂自然弯曲放在膝上，也可放在椅子或沙发扶手上。

4）立腰、挺胸、上体自然挺直。

5）双膝自然并拢，双腿正放或侧放。

6）至少坐满椅子的 2/3，脊背轻靠椅背。

7）起立时，右脚向后收半步而后起立。

8）谈话时，可以侧坐，此时上体与腿同时转向一侧，如图 4-14 所示。

图 4-14　标准坐姿

三、女士常见的坐姿

（1）标准式　标准式坐姿可以称为第一坐姿，此坐姿适合于刚刚与客人接洽，也就是入座式。

要领：抬头收额，挺胸收肩，两臂自然弯曲，两手交叉叠放在偏左腿或是偏右腿的地方，并靠近小腹；两膝并拢，小腿垂直于地面，两脚尖朝正前方。着裙装的女士在入座时要用双手将裙摆内拢，以防坐出皱纹或因裙子起褶而使腿部裸露过多，如图 4-15 所示。

（2）前伸式　此坐姿适合于与交谈方对面坐着。

要领：在标准式坐姿的基础上，两小腿向前伸出一脚的距离，脚尖不要翘起，前身可略向前倾，表示对对方的尊敬，如图 4-16 所示。

图 4-15 标准式坐姿

（3）前交叉式　要领：在前伸式坐姿的基础上，右脚后缩，左脚交叉，两踝关节重叠，两脚尖着地。

（4）屈直式　要领：右脚前伸，左小腿屈回，大腿靠紧，两脚前脚掌着地，并在一条直线上，如图 4-17 所示。

图 4-16　前伸式坐姿

图 4-17　屈直式坐姿

（5）后点式　要领：两小腿后屈，脚尖着地，双膝并拢。

（6）侧点式　如图 4-18 所示。

（7）侧挂式　要领：在侧点式基础上，左小腿后屈，脚绷直，脚掌内侧着地，右脚提起，用脚面贴住左踝，膝和小腿并拢，上身右转，如图 4-19 所示。

<table>
<tr><td>图 4-18　侧点式坐姿</td><td>图 4-19　侧挂式坐姿</td></tr>
</table>

图 4-18　侧点式坐姿　　　　　　　　　图 4-19　侧挂式坐姿

四、男士常见的坐姿

（1）标准式　上身挺直，双肩正平，两手自然放在两腿或扶手上，双膝并拢，小腿垂直落于地面，两脚自然分开成 45°。

（2）重叠式　右腿叠在左膝上部，右小腿内收贴向左腿，脚尖下点。

（3）前伸式　在标准式的基础上，两小腿前伸一脚的长度，左脚向前半脚，脚尖不要翘起，如图 4-20 所示。

图 4-20　男士坐姿（1）

（4）前交叉式　在标准式的基础上，小腿前伸，两脚踝部交叉，如图 4-21 所示。

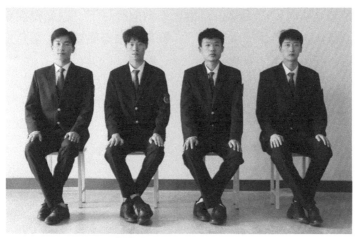

图4-21　男士坐姿（2）

五、坐姿禁忌

1）坐时不可前倾后仰、歪歪扭扭。

2）双腿不可以过于叉开，或者长长地伸出。

3）坐下后不可以随意挪动座椅。

4）不可以将大腿并拢，小腿分开或双手放于臀部下面。

5）不要高架"二郎腿"。

6）不要腿脚不停抖动。

7）不要猛坐猛起。

8）与人谈话时不要用手支着下巴。

9）坐沙发时不应过于靠近里面，也不能呈后仰状态。

10）双手不要放在两腿之间。

六、坐姿训练

（1）标准坐姿要领

1）精神饱满，表情自然，目光平视前方或注视交谈对象。

2）身体端正舒展，重心垂直向下或稍向前倾，腰背挺直，臀部占座椅面的2/3。

3）双膝并拢或微微分开，双脚并齐。

4）两手可自然放在腿上或椅子的扶手上。

（2）入座与离座要领

1）从椅子后面入座。如果椅子左右两侧都空着，应从左侧走到椅前。

2）不论从哪个方向入座，都应在离椅前半步远的位置立定，右脚轻向后撤半步，用小腿靠椅，以确定位置。

3）女性着裙装入座时，应用双手将裙后面向前拢一下，以显得娴雅端庄。

4）坐下时，身体重心要徐徐垂直落下，臀部接触椅面要轻，避免发出声响。

5）坐下之后，双脚并齐，双腿并拢。

任务实施：坐姿礼仪

1. 实训内容

分组互相检测坐姿礼仪是否合格。

2. 实训目标

掌握客运服务人员坐姿礼仪要求。

3. 实训准备

课前整理个人坐姿礼仪。

4. 考核评分表（见表4-3）

表4-3　坐姿礼仪检查考核评分表

考核项目	考核标准	分值	得分
坐姿礼仪	坐姿基本动作要领的展示	20分	
	脚的摆放方式	10分	
	入座后姿态的整体保持效果	20分	
	入座前的其他要求	10分	
	入座后的其他要求	10分	
	身体姿态	30分	
总体得分			

教师简要评语：

教师签字

任务 4　行姿礼仪培养

项目 1

情境导入

　　行姿，指的是一个人在行走之时所采取的具体姿势。在很多时候，行姿又称为走姿。它以人的站姿为基础，实际上属于站姿的延续动作。与其他姿势所不同的是，它自始至终都处于动态之中，体现的是人类的运动之美和精神风貌。通常女性客运服务人员行姿特点是轻松、敏捷、健美；男性客运服务人员行姿特点是协调、稳健、庄重、刚毅。

项目 3

　　正确的行姿是以标准的站姿为基础的，优美典雅的行姿不仅能体现客运服务人员的教养、风度、身体状况，还能反映出客运服务人员的工作态度与工作作风。

基本知识与基本能力积累

一、行姿的基本要求

　　应当直行、匀速、无声，具体而言应该是头正、肩平、躯挺、步位直、步幅适度、步速平稳。头正即双目平视，收颌，表情自然平和。肩平即两肩平稳，防止上下前后摇摆。双臂前后自然摆动，前后摆幅在 30°～40°，两手自然弯曲，在摆动中离开双腿不超过一拳的距离。

项目 4 仪态礼仪

　　躯挺即上身挺直，收腹立腰，重心稍前倾。步速平稳即行进的速度应保持均匀、平衡，不要忽快忽慢。在正常情况下，步速应自然舒缓，显得成熟、自信。

　　1）规范的行姿首先要以端正的站姿为基础。

　　2）双肩应平稳，以肩关节为轴，双臂前后自然摆动。

　　3）上身挺直，头正、挺胸、收腹、立腰，重心稍向前倾。

　　4）注意步位。脚尖略开，起步时，身体微向前倾，两脚内侧落地。不要将重心停留在后脚，并注意在前脚着地和后脚离地时要伸直膝部。

　　5）步幅适当。一般前脚的脚跟与后脚的脚尖相距为一脚长，步伐稳健，步履自然，要有节奏感，保持一定的速度。但因性别不同、身高不同、服饰不同，步幅的大小也有一定的差异。一般情况下，每分钟行走 110 步。当然，这还取决于工作的场合和岗位。行姿整体上要给人以步态轻盈敏捷、有节奏的感觉。

　　走路时姿势美不美，是由步度和步位决定的。行进时前后两脚之间的距离称为步度，在通常情况下，男性的步度是 25cm，女性的步度大约为 20cm。女性的步度也与服装、鞋之间有关系。通常来讲，以直线条为主的服装特点是庄重大方、舒展矫健，以曲线为主的服装特点是柔美妩媚、飘逸优雅。行走时脚落地的位置是步位。行路时最佳步位是两脚踩在同一条直线上，并不走两条平行线。步态美的一个重要方面是步速稳健。要使步态保持优美，行进速度应该保持平稳、均匀，过快过慢都是不允许的。步韵也非常讲究。在行进过程中，膝盖和脚腕要有弹性，腰部理应成为身体重心移动的轴线，双臂要轻松自然地摆动。身体各部位之间要保持动作和谐，使自己的步调一致，显得优美自然一些，否则就显得没有节奏。

走路用腰力，要有韵律感。如果走路时腰部松垮，就会有吃重的感觉，不美观；如果拖着脚走路，更显得没有朝气，十分难看。优雅的步姿有几句口诀："以胸领动肩轴摆，提胯提膝小腿迈，跟落掌接趾推送，双眼平视背轻松。"走路的美感产生于下肢的频繁运动与上体稳定之间所形成的对比和谐，以及身体的平衡对称。要做到出步和落地时脚尖都正对前方，抬头挺胸，迈步向前。

常见的走姿有以下几种：随意步、舞台步、旗袍步、时装步、体操步和上定步等。在服务工作中常见的走姿是一字步。一字步走姿要领是：行走时两脚内侧在一条直线上，两膝内侧相碰，收腰提臀挺胸收腹，肩外展，头正颈直微收下颌。步度标准每一步为自己一脚长或 1.5 个脚长。

作为客运服务人员，应特别注重日常工作中的行姿，如图 4-22 所示。应做到挺胸收腹，颈部正直，目视前方，身体自然挺直，双臂自然摆动，双脚内侧在同一直线上行走，不左右摇摆，脚步不过重、过大、过急（特殊情况除外）。行走要礼让，与乘客走对面时要主动停下，伸手示意让路，不与乘客抢道、并行。女性客运服务人员在乘客周围巡视时，双手可自然互握，抬至腰间。客运服务人员集体进出站或上下车时，要列队行走，女性在前，男性在后，乘务长在队列头部带队行走。携带箱包行走时，拎（背）包或拉箱时，应队列整齐，步伐一致，箱（包）应在同一位置上。

图 4-22　行姿

二、不同工作情况下的行姿标准

（1）穿着制服时的行姿　制服属于典型的正装，以直线条为主。因此，在穿着制服行走时要保持身姿挺拔；行走时膝盖要挺直，步幅可略大些，手臂放松，前后自然摆动；男客运服务人员在行走时不要晃肩；女客运服务人员在行走时不要摆动髋部，如图 4-23 所示。

图 4-23　穿着制服时的行姿

（2）穿着西式短裙时的行姿　在穿着西式短裙行走时，步幅不应过大，一般不应超过着装者的一个脚长；尽量走成一条直线，显示出着装者的端庄；穿着有下摆的短裙时，步幅可略大些，要表现女性轻盈敏捷的特有风格。

（3）疾步行走时的行姿　在进行快速服务时需要提高步速，在基本走姿的基础上可将步速提高至每秒四五步。疾步行走时应保持一般步幅，不可给乘客跑的感觉，以免引起乘客的不适。

在具体的工作中，工作人员的步态有着不同的要求和规范，客运服务人员需要根据工作情况给予关注。

1）与乘客迎面相遇时，工作人员应放慢脚步，面带微笑目视乘客表示致意，并实时伴随礼貌的问候用语，以规范的"右侧通行"原则，让乘客先行。

2）陪同引领乘客时，如果与乘客同行，应遵循"以右为尊"的原则，工作人员应走在乘客的左侧。引领乘客时应走在乘客的左前方两三步的位置，行进步速需要与乘客步幅保持一致。

3）进出升降式电梯，无人驾驶电梯时，乘客后进先出；有人驾驶电梯时，乘客先进先出。

4）搀扶帮助他人时，注意步速与对方保持一致，在行进过程中要适当停顿，并询问乘客身体状况。

三、行姿的禁忌

工作人员在工作岗位上不应出现如下行姿，要尽量控制和克服不良步态的出现。

1）走路"内八字"或"外八字"。

2）蹭踏和拖蹭地面，踮脚走路。

3）步伐过快或过慢。

工作人员在服务过程中行走时应注意，最忌步态不雅，走成内八字或外八字；不要弯腰驼背、歪肩晃膀；不要步子太大或太碎，更不能奔来跑去；走路时不要大甩手，扭腰摆臂，左顾右盼；不要双腿过于弯曲，走路不成直线；不要脚蹭地面；不要横冲直撞，行进中一定要目中有人，尽量避免在人群中穿行；不要双手插裤兜；不要阻挡道路，多人行走时不要排成横队；行进过程中应有意识使之悄然无声，不应制造各种噪声。

四、行姿的训练方法

1）画直线或沿着地面砖的直线缝隙进行直线行走练习。

2）顶书练习，要求练习者以立正姿势站好，出左脚时，脚跟着地，落于离直线5cm处，迅速过渡到脚尖，脚尖稍向外，右脚动作同左脚，注意立腰、挺胸、展肩。

五、变向时的行走规范

（1）后腿步　向他人告辞时，应先向后退两三步，再转身离开。退步时，脚要轻擦地面，不可高抬小腿，后退的步幅要小。转体时要先转身体，头稍后再转。

（2）侧身步　当走在前面引导来宾时，应尽量走在宾客的左前方。髋部朝向前行的方向，上身稍微向右转体，左肩稍前，右肩稍后，侧身向着来宾，与来宾保持两三步的距离。当走在较窄的路面或者楼道中与人相遇时，也要采用侧身步，两肩一前一后，并将胸部转向他人，不可将后背转向他人。

任务实施：对号入座

1. 实训内容

教师列出不良行姿，学生相互观察对号入座，说出此细节的正确要领，然后注意改正，强化练习。

2. 实训目标

掌握正确行姿，纠正不良行姿。

3. 实训准备

考核表格，学生分组。

客运服务礼仪

4. 考核评分表（见表 4-4）

表 4-4　行姿对号考核评分表

不良行姿细节	正确要领	改正步骤
含胸驼背		
垂头走路		
臂部摆动较大		
拖泥带水		
八字脚		
手臂摆幅过大		

教师简要评语：

教师签字

任务 5　蹲姿礼仪培养

 情境导入

　　蹲姿是由站姿转换为两腿弯曲，身体高度下降的姿势，常用于工作人员捡拾物品。

　　在客运服务中为乘客收拾物品或为乘客提供服务时都要用到蹲姿，在使用蹲姿时切忌弯腰撅臀。下蹲时一脚在前，一脚在后，两腿靠紧向下蹲。男士两腿间可留有适当的缝隙，女士则要两腿并紧。

　　蹲姿三要点：迅速、美观、大方。

基本知识与基本能力积累

一、蹲姿的基本要求

　　站在所取物品的旁边，一脚前、一脚后，弯曲双膝，不要低头，双脚支撑身体，蹲下时要保持上身挺拔，体态自然。

二、蹲姿的不同形式

　　（1）高低式蹲姿　如图 4-24 所示，以左脚在前为例，下蹲时左脚在前全脚着地；右脚稍后，脚掌着地，脚后跟抬起；右膝低于左膝；臀部下沉，身体重心由左腿支撑。特征是两膝一高一低。

图 4-24　高低式蹲姿

注意：女客运服务人员无论采用哪种蹲姿，都要将两腿靠紧，臀部下沉。在穿着短裙时可略侧向乘客下蹲捡拾物品；男客运服务人员下蹲两腿间则可有适当距离。

（2）交叉式蹲姿　如图 4-25 所示，仅限于女士，以左脚在前为例：左脚置于右脚的右前侧，顺势下蹲，使右腿从左腿后面向左侧伸出，两腿呈交叉状；下蹲后，左小腿垂直于地面左脚全脚着地，右脚脚跟抬起脚掌着地；两腿前后靠紧，合力支撑身体；臀部下沉，身体稍前倾。

图 4-25　交叉式蹲姿

三、蹲姿禁忌

1）行进过程中突然下蹲。
2）背对他人或正对他人蹲下。
3）女士穿着裙装时下蹲毫无遮饰。
4）正常工作中蹲姿休息。
5）弯腰捡拾物品时，两腿叉开，臀部向后撅起，是不雅观的姿态，两腿展开平衡下蹲，其姿态也不优雅。蹲时注意内衣"不可以露，不可以透"。

四、蹲姿的训练方法

1）加强脚踝、膝盖等关节的柔韧性，练习提腿、压腿、活动关节等动作。
2）蹲姿控制练习，要有意识地控制平衡，保持蹲姿，形成好习惯。

五、蹲姿的注意事项

（1）勿离人太近　下蹲时，不要离人太近，应与身边的人保持一定的距离，避免彼此迎头相撞，并且速度也不要太快，冒冒失失地下蹲也不符合礼仪要求。
（2）注意下蹲的方位　下蹲的时候还要注意下蹲的方位，避免在别人身体正前方或正后方下蹲，最好选择与别人侧身相向的方向下蹲，因为在正前方下蹲是非常不礼貌的。

（3）避免暴露身体隐私　对于穿着套裙的女士而言，下蹲的时候一定要避免个人身体隐私暴露在外。这不仅是对别人不礼貌的行为，还会影响到自己的形象。

任务实施：蹲姿礼仪

1. 实训内容
分组互相检测蹲姿礼仪是否合格。

2. 实训目标
掌握客运服务人员蹲姿礼仪要求。

3. 实训准备
课前整理个人蹲姿礼仪。

4. 考核评分表（见表4-5）

表4-5　蹲姿礼仪检查考核评分表

考核项目	考核标准	分值	得分
蹲姿礼仪	高低式蹲姿基本动作要领的展示	20分	
	交叉式蹲姿基本动作要领的展示	20分	
	高半蹲式蹲姿基本动作要领的展示	20分	
	半跪式蹲姿基本动作要领的展示	20分	
	身体姿态	20分	
	总体得分		

教师简要评语：

教师签字

一、名词解释

1. 仪态

2. 表情

3. 站姿

4. 立姿

5. 行姿

6. 蹲姿

二、选择题

1. 站立是人们日常交往中一种最基本的举止，正确的站姿要求是（　　）。

    A. 头正、双目平视、平和自然   B. 躯干挺直、收腹、挺胸、立腰

    C. 双脚随意放置   D. 双臂放松、可曲可直

2. 行走之时有礼仪，与他人同行，不雅观的仪态包括（　　）。

    A. 东跑西颠、方向叵测   B. 驼背弯腰、缩脖摆膊

    C. 摇摇晃晃、东倒西歪   D. 走路带响、震耳欲聋

3. 下列不受欢迎的坐姿包括（　　）。

    A. 双腿叉开过大   B. 双腿直伸出去

    C. 把腿放桌椅上   D. 脚尖指向客户

4. 下列走姿正确的是（　　）。

    A. "走自己的路，让别人说去吧"，选择好适当的行走路线，不必顾及别人的存在

    B. 靠左侧、右侧走路都行

    C. 太激动了，走路可以上蹿下跳，蹦来蹦去

    D. 为了让你的行走不妨碍别人，要有意识地悄然无声

5. 在参加各种社交宴请中，要注意从座椅的（　　）侧入座，动作应轻松自然。

    A. 前侧   B. 左侧   C. 右侧   D. 随意

6. 在机场、商厦、地铁等公共场所乘自动扶梯时应靠（　　）站立，另一侧供有急事赶路的人快行。

    A. 前侧   B. 左侧   C. 右侧   D. 随意

7. 上下楼梯或在楼道行走时应（　　）。

    A. 靠右侧行走   B. 靠左侧行走   C. 走中间   D. 随意

三、简答题

1. 仪态礼仪包括哪些内容？

项目 1

项目 3

项目 4 仪态礼仪

2. 表情礼仪的基本原则是什么？它的基本要素是什么？

3. 站姿的基本要求是什么？

4. 站姿的基本标准是什么？

5. 工作中常用的站姿方式有哪些？

6. 站姿禁忌是什么？

7. 坐姿的基本要求是什么？

8. 坐姿的标准是什么？

9. 男士、女士常见的坐姿有哪些？

10. 行姿禁忌是什么？

11. 蹲姿的基本要求有哪些？

12. 常见的蹲姿形式有哪些？

项目5 沟通礼仪

☛ **项目导学**

　　人与人之间最宝贵的是真诚、信任和尊重，而这一切的桥梁就是沟通。沟通在我们日常生活和工作中无处不在。学会沟通礼仪有助于我们化解生活和工作中各种棘手问题，从而达到事半功倍的效果。

　　本项目主要从见面礼仪、电话礼仪、交谈礼仪、引导礼仪4个方面对沟通礼仪进行阐述。

☛ **知识目标**

　　1. 掌握称呼、问候、致意、鞠躬、握手、递送名片等活动中礼仪的基本内容。

　　2. 掌握接打电话的操作规范和礼仪要求。

　　3. 掌握交谈过程中相关礼仪要求。

☛ **技能目标**

　　1. 学会见面礼节和技能，养成文明礼貌的好习惯。

　　2. 运用电话礼仪解决工作过程中的各种问题。

　　3. 学会运用交谈礼仪、引导礼仪技巧。

☛ **素养目标**

　　1. 能够在各项交际活动中做到知礼、守礼。

　　2. 能够在社交场合展示自然、大方的气质。

任务 1　见面礼仪训练

 情境导入

某乘客来电投诉,她于 11 月 25 日在 ×× 站出站时不知何故所持一卡通出不了站,以为余额不足便充了值,但充值后依然无效,便去问讯处处理。经查后,工作人员告知是因前次乘车没有扣到款,必须扣除前次车资后才能出站。乘客对此表示不理解,一位值班站长前来为其处理此事。但乘客表示该值班站长态度非常不好,在乘客提出异议时,该值班站长也解释不清。乘客表示自己都是正常进、出站,如果设备有问题也可以理解,但作为车站的值班站长不应该是如此差的服务态度及工作能力。另外,该乘客表示她对地铁服务一直很信任,这次之所以对该站产生异议,是因为在该站开通初期发生了一件让该乘客不满的事件。请问:作为客运服务人员中的一员,应该如何对乘客做出解释?

 基本知识与基本能力积累

一、称呼礼仪

在人际交往中,选择正确、适当的称呼,能够反映出自身的教养以及对对方的尊敬,甚至还能体现出双方关系发展所达到的程度。因此,对称呼不能疏忽大意、随意使用。客运服务人员每天面对成千上万的乘客,称呼乘客时要恰当得体。

在日常生活、工作和交际场合,常规性称呼大体上有 6 种,见表 5-1。

表 5-1　常规性称呼种类

称呼类别	使用场合	举例
敬称	用于尊称长辈或上级。作为客运服务人员,无论乘客的年龄如何,一定要用敬称以表示对乘客的尊重	如"您"
亲属称	对非亲属的交际双方以亲属称呼,通常在非正式交际场合中使用。客运服务人员在为特殊乘客提供服务时也可以使用	如"大哥""大姐""大妈""大叔"等,不过要注意对方的年龄,以免出现尴尬

称呼类别	使用场合	举例
职务称	一般用于较为正式的场合，主要是对干部、技术人员等的称呼；对于国家公务人员、学者、商务人士等，在各种交际场所中都应该以职务称呼	如"书记""经理""主任""主席""教授""工程师"等，在称谓前面可以加上对方的姓或姓名
职业称	多用于较正式的场合，带有尊重对方职业和劳动的意思	如"王大夫""李医生""刘老师"等
姓名称	在正式场合可以用"老+姓"称呼比较熟悉的同辈人，对干部、知识分子等中、老年男性宜以"姓+老"相称	如"老王""老李"，以及"宋老""刘老"等
泛尊称	多用于正式场合，也是客运服务中最为流行和最广泛使用的称呼	如男性可称为"先生"，女性可称为"女士"

在与他人交往时，千万注意不要因称呼而冒犯对方的禁忌。一般而言，下列做法在客运服务中都是被禁用的：

1）缺少称呼。需要称呼他人时不用任何称呼，直接以"喂""嘿""那边的"代替，这是极其不礼貌的。

2）替代性称呼。即以非常规的代号代替正规性称呼的称呼。例如，服务行业称呼"顾客几号""下一个"等，这是很不礼貌的行为。

3）使用不当的称呼。在正式交往中有些称呼不适合使用，例如哥们儿、姊妹儿、兄弟等这类称呼。

4）外号称呼。对于关系一般的人，严禁给对方起外号，更不能称呼别人侮辱性的外号。

5）直呼姓名。对于年长者、领导称呼要恭敬，严禁直呼其名。

二、问候礼仪

问候是在公共场合向他人表示尊重和友好的一种方式。

（1）问候内容的分类及适用的场合

1）直接式：所谓直接式问候，就是直接以问好作为问候的主要内容。它适用于正式的交往场合，特别是在初次接触的陌生商务及社交场合，如"您好""大家好""早上好"等。

2）间接式：所谓间接式问候，就是以某些约定俗成的问候语，或者在当时条件下可以引起的话题，主要适用于非正式、熟人之间的交往。比如，用"最近过得怎样？""忙什么呢？""您去哪里？"等，来替代直接式问好。

（2）问候的注意事项

1）主动问候。一般来说，先打招呼的人更容易在后面的谈话交流中掌握主动。即使是乘客先打招呼，客运服务人员也一定要立即回应并问候乘客。

2）问候仪态自然，声音响亮温和，面带微笑。在客运服务过程中，当乘客因旅途出现疲惫的时候，热情和语调适度地问候会使乘客感到舒适和放松。

三、致意礼仪

致意是一种用非语言方式表示问候、尊敬的礼节，通常用于熟人或有一面之交的人之间在公共场合或距离较远时表达心意。常用的致意方式主要有以下几种。

（1）注目致意　一般用目光注视庆典仪式等活动，以示尊重。注意不能讲话或做其他事情。

（2）点头致意　在一些公众场合与熟人相遇又不便交谈时、在同一场合多次见面时、路遇熟人时，面带微笑，目视对方，轻轻点一下头即可。

（3）欠身致意　将上半身向前倾斜 15°~30°，适用于迎送乘客等一般性问候。

（4）举手致意　场合与点头致意的场合大体相同，并且是对距离较远的熟人一种打招呼的形式。

四、鞠躬礼仪

鞠躬是一种既适合于庄严肃穆或喜庆欢乐的场合，又适合于一般社交场合的交际礼仪。随着社会文明的提高，鞠躬礼在人们的生活社交、商业服务中使用得越来越频繁，可深深地表达对他人的敬意和感激之情。鞠躬礼已成为国际交往中经常采用的礼节，如图 5-1 所示。

图 5-1　鞠躬礼

（1）鞠躬礼适用的场合　鞠躬是一种比较常见的礼仪，目前在商业服务中运用得越来越多。在初见的朋友之间、熟人之间、主客之间、上下级之间、晚辈长辈之间、服务人员对宾客之间，为了表达对对方的尊重，均可行鞠躬礼。另外，鞠躬礼也适用于庄严肃穆的仪式场合。

（2）鞠躬礼的动作要领　客运服务中常用的商务鞠躬礼，行礼者与受礼者相距两三步远，呈立正姿势，并拢双脚，脸带笑容，目视受礼者，视线由对方脸上落至自己脚前1.5m处（15°礼）、脚前1m处（30°礼）或脚前0.5m处（90°礼）。男性双手五指并拢放于身体两侧，女性左右手四指并拢、虎口交叉、右手在上与左右拇指相互重叠放于腹部。鞠躬时需伸直腰，脚跟靠拢，双脚尖处微微分开，目视对方。鞠躬时，身体上部向前倾15°~90°，双手在上体前倾时自然下垂，然后恢复立正姿势，之后慢慢抬头直腰，注视对方。

（3）鞠躬角度　行鞠躬礼时身体上部前倾15°~90°，具体的前倾幅度视行礼者对受礼者的尊重程度而定。鞠躬角度越大，表示越恭敬。

1）15°左右用于一般性的感谢，如图5-2a所示。例如，当与乘客相向而过时，应面带笑容，行15°的鞠躬礼，以表示对乘客的礼貌及打招呼。

2）30°~45°，表示诚恳和歉意。例如，当迎接或送乘客时，可行30°的鞠躬礼；当感谢乘客或初次见到乘客时，可行45°的鞠躬礼以表示礼貌，如图5-2b所示。

3）90°是最高礼节。例如，表示对受礼者的尊崇和敬仰，表示忏悔、改过和谢罪，如图5-2c所示。

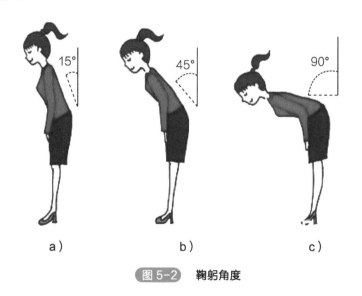

a）　　　　　　　　b）　　　　　　　　c）

图5-2　鞠躬角度

五、握手礼仪

凯勒曾写道："手能拒人千里之外，也可充满阳光，让你感到很温暖……"事实也确实如此，因为握手是一种语言，是一种无声的动作语言。今天，握手在许多国家已成为一种习以为常的礼节。通常，与人初次见面，熟人久别重逢，告辞或送行均以握手表示自己的善意，因为这是最常见的一种见面礼、告别礼。有时在一些特殊场合，如向人表示祝贺、感谢或慰问时，双方交谈中出现了令人满意的共同点时，或双方原先的矛盾出现了某种良好的转机或彻底和解时，习惯上也以握手为礼。握手是在相见、离别、恭喜或致谢时相互表示情谊、致意的一种礼节，双方往往是先打招呼，后握手致意，如图 5-3 所示。

图 5-3 握手礼

（1）握手的方式

1）支配式握手，也称为"控制式"握手。用掌心向下或左下的姿势握住对方的手。在交际场合，双方社会地位悬殊较大时，地位高的一方采用这种方式与对方握手，以表达自己的优势、主动、傲慢或支配地位。

2）谦恭式握手，也称为"乞讨式"握手或"顺从型"握手。它与支配式握手相反，用掌心向上或左上的手势与对方握手。通常地位较低者表示对对方尊重、敬仰时采用这种方式。

3）对等式握手，即"标准式"握手。握手时双方伸出的手心都不约而同地朝着左方。这是标准、通用的表达友好情感的握手方式。

4）双握式握手，美国人称为"政客式"握手。据说在历届美国总统竞选时，几乎所有的竞选者都要以这种样式和上至亿万富翁、下至西部牛仔握手，以表达自己对对方的信赖和友谊。具体做法是：在用右手紧握对方右手的同时，再用左手加握对方的手背、前臂、上臂或肩部。从手背开始，对对方的加握部位越高，其热情友好的程度也就显得越高。

5）捏手指式握手，即握手时不是两手虎口相触对握，而是有意或无意地只捏住对方几个手指或手指尖。人们为了表达对女士或地位高的人的尊重，常采取这种方式。

6）拉臂式握手。将对方的手拉到自己的身边相握，且往往相握的时间较长。运用这种方式通常有两种情况：一是当一个人已伸出手，对方却没有回应时，为应付尴尬局面，主动将对方的手拉过来，当然这种方式是不太礼貌的，故应谨慎使用；二是当某人非常喜欢对方时的亲热举动，如祖辈常把孙辈的手拉到身边握着聊天。

（2）握手顺序　一般规则是，地位高者先伸手，遵循"尊者决定"的规则。具体来讲，握手时双方的伸手顺序可分为以下几种情况。

1）长辈与晚辈握手时，应由长辈先伸手。

2）身份高者与身份低者握手时，应由身份高者先伸手。

3）男士与女士握手时，应由女士先伸手。

4）客人受邀到主人家做客时，客人抵达，应由主人先伸手表示对客人的欢迎；在客人告别时，应由客人先伸手，表示对主人的感谢之意。

5）在人多的场合，握手时可能会出现一人与多人握手的情况。在这种情况下，既可按照"尊者居前"的顺序，也可以按照由近及远顺时针顺序依次握手。

（3）握手礼动作要领

1）握手的姿势。握手时，距离受礼者约一步，上身稍向前倾，两足立正；伸出右手四指并拢，拇指张开，稍用力握住对方的手掌，双目注视对方，面带笑容，上身稍微倾，头微低。男方与女方握手时，往往只握一下女方手指的部分。

2）握手的时间。握手的时间不要太短或太长，一般控制在3~5s即可。

3）握手的力度把握好。握手时用力过猛则显得粗鲁无礼，过轻又难免有敷衍了事之嫌。

4）握手时神态要专注，面带微笑，目视对方。

（4）握手禁忌　在行握手礼时应努力做到合乎规范，避免触犯下述失礼的禁忌。

1）忌用左手握手。

2）多人握手时忌交叉握手。

3）一般在握手时忌戴手套、墨镜、帽子（女士在社交场合戴着薄纱手套握手是允许的）。

4）在握手时忌另外一只手插在衣袋里或拿着东西。

5）在握手时忌面无表情或点头哈腰，过分客套。

6）在商务场合忌握手时仅仅握住对方的手指尖。

7）与异性握手时忌用双手或长时间地握住异性的手不放。

8）握手力度不宜过重或过轻。

9）忌握手后立即擦拭自己的手。

六、名片礼仪

名片是一个人身份的象征，当前已成为人们社交活动的重要工具。因此，名片的递送、接受、存放都要讲究社交礼仪。

（1）名片种类

1）社交名片。社交名片又称为本名式名片。社交名片上一般只显示个人信息（姓名、地址、邮政编码、电话），不印办公地址，以示公私分明。社交名片一般在以下场合中使用：拜会他人时说明身份，馈赠时替代礼单，以及用作便条或短信。

2）职业名片。职业名片上一般显示个人信息和与职业有关的信息：姓名、地址、邮政编码、电话、单位、职称和社会兼职。

3）商务名片。商用名片上一般显示个人信息和单位信息：姓名、地址、邮政编码、电话、单位、职称、社会兼职、单位名称、单位业务和经营项目。

（2）递送名片礼仪

1）递送顺序：

①尊卑有序。地位低的人首先把名片递给地位高的人。比如，男士先递给女士，晚辈先递给长辈，下级先递给上级，主人先递给客人等。

②由近而远。如果需要将名片同时递送给多个人，通常按照职务高低进行，也可以由近而远递送，不能跳跃式递送；在圆桌上就餐时，则从自己左侧以顺时针方向依次递上。

2）递送动作要领：递送名片时应呈站立姿态，面对对方，以双手食指和拇指执名片的两角，或以右手持名片，以左手辅助（不要压住名字），眼睛正视对方，微微鞠躬，以文字正对对方，一边自我介绍，一边递上名片，并附有"这是我的名片，请多多关照"等寒暄语，切忌目光游离、漫不经心。手持名片的高度不能低于腰部以下，如图5-4所示。如果双方同时递过名片，自己的名片应从对方的稍下方递过去，同时以左手接过对方的名片。

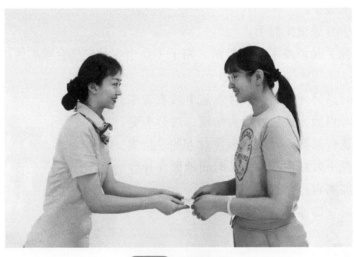

图 5-4 递送名片

（3）接受名片礼仪　在接受对方的名片时，要遵守以下礼节。

1）恭敬接受。当对方向自己递送名片时，自己要立即停止手头工作，起身迎接，目视对方，面带微笑，用双手接过名片，并表示感谢。

2）浏览名片。接过名片后，不能置之不理，或马上放入口袋，而是要以认真的态度迅速浏览名片上的信息。

3）回敬对方。在拿到对方的名片之后，要及时地回赠对方一张自己的名片。若名片用完了或者没有带，要向对方说明情况并表示歉意。

4）收藏到位。接过对方的名片后，不可随意乱放，或在手中玩、折、捏，而是要放在自己的名片包（夹）里、上衣口袋或办公室的抽屉里等。不能将名片放在裙子（裤子）的口袋里或随意地夹在书本中、扔在桌面上。也不可因为不慎，将对方的名片掉在地上或自己离开时将名片留下。

（4）名片礼仪禁忌

1）不能使用粗鲁、野蛮的动作递送名片。

2）正确存放个人名片。名片应放在随手可取的地方，一般是西装右胸内侧衣袋或名片夹中，同时把自己名片和别人的名片区分存放。

3）不要随意散发名片，应把握出示名片的时机和对象。名片一般不向陌生人出示，也不出示给经常见面的人和与自己地位、身份、年龄差别较大的人。

4）保持名片的平整干净，不得随意在名片上面乱涂乱改。名片上也不能有折痕或因损坏而缺角，要保持名片的平整与完好。

5）名片上一般不要有两个以上的头衔，否则，会给人一种炫耀的感觉。

任务实施：见面礼仪练习

1. 实训内容

分组练习称呼、问候、致意、鞠躬、握手、递接名片等礼仪动作要领。

2. 实训目标

掌握客运服务人员沟通礼仪技巧。

3. 实训准备

1）学生分组，4~5人为一小组。

2）课前整理好个人仪容仪表。

3）学生根据自己的身份卡片制作名片。

4. 考核评分表（见表5-2）

表5-2　见面礼仪考核评分表

考核项目	考核标准	分值	得分
称呼	面对不同身份、年龄的乘客选择合适的名称称呼	5分	
问候	主动问候，问候的仪态自然，声音响亮温和，面带微笑	5分	
致意	点头致意，面带微笑，目视对方，轻轻点头 欠身致意，将上半身向前倾斜15°~30°，迎送客人 举手致意，向距离较远的熟人打招呼	10分	
鞠躬	行礼者与受礼者相距两三步远，呈立正姿势，并拢双脚 脸带笑容，目视受礼者，视线由对方脸上落至自己的脚前 男性双手五指并拢放于身体两侧，女性左右手四指并拢、虎口交叉，右手在上，左右拇指相互重叠放于腹部 鞠躬时需要伸直腰、脚跟靠拢、双脚尖处微微分开，身体上部向前倾15°~90°，双手在上体前倾时自然下垂，然后恢复立正姿势，之后慢慢抬头直腰，注视对方	30分	
握手	握手时，距离受礼者约一步，上身稍向前倾，两足立正；伸出右手四指并拢，拇指张开，稍用力握住对方的手掌，双目注视对方，面带笑容，上身稍微前倾，头微低 男方与女方握手时，往往只握一下女方手指的部分。握手的时间不要太短或太长，一般控制在3~5s即可 握手时用力过猛则显得粗鲁无礼；过轻又难免有敷衍了事之嫌。握手时神态要专注，面带微笑，目视对方	30分	
名片礼仪	递送动作要领：递送名片时应呈站立姿态，面对对方，以双手食指和拇指执名片的两角，或以右手持名片，以左手辅助（不要压住名字），眼睛正视对方，微微鞠躬，以文字正对对方，一边自我介绍，一边递上名片，并附有"这是我的名片，请多多关照"等寒暄语，切忌目光游离、漫不经心。手持名片的高度不能低于腰部以下。如果双方同时递过名片，自己的名片应从对方的稍下方递过去，同时以左手接过对方的名片	10分	
	接受名片动作要领：当对方向自己递送名片时，自己要立即停止手头工作，起身迎接，目视对方，面带微笑，用双手接过名片，并表示感谢。接过名片后，不能置之不理或马上放入口袋，而是要以认真的态度迅速浏览名片上的信息。在拿到对方的名片之后，要及时地回赠对方一张自己的名片。若自己的名片用完了或者没有带，要向对方说明情况并表示歉意。接过对方的名片后，不可随意乱放，或在手中玩、折、捏，而是要放在自己的名片包（夹）里、上衣口袋或办公室的抽屉里等。不能将名片放在裙子（裤子）的口袋里或随意性地夹在书本中、扔在桌面上	10分	

教师简要评语：

教师签字

任务 2　电话礼仪训练

 情境导入

　　小李是 ×× 公交公司值班室的一名值班员。某日，小李接到一个投诉电话，电话铃声响了 2 声，小李立即接起电话，面带微笑地说："您好，这里是 ×× 公交公司值班室，请问有什么可以帮助您？"乘客不管三七二十一气急败坏地说道："你们公司的司机师傅怎么回事啊！到站了我都还没来得及下车就把车门关了！害得我坐过站浪费时间……"小李耐心倾听完乘客的抱怨以后，带着满满的歉意说道："真的非常抱歉，我首先代表我们公司给您道歉，耽误了您的时间真的非常不好意思。请问您乘坐的是哪班公交车呢？我们一定找到这位司机师傅，进行严肃批评！"听到小李的话，来客突然愣了几秒，接着说道："唉，其实也不能全怪那位司机师傅，我自己在看手机，等我缓过神来公交车已经都离站了……""为了乘客的安全，公交车一旦离站都不会停靠开车门了，谢谢您的理解，下次乘车的时候请时刻关注路程，玩手机的时候也请注意脚下，注意安全。"听了小李的一番话，这位乘客顿时怒气全消，并为自己之前的行为向小李道歉。试问：如果你遇到这样的事情，你会如何处理呢？在小李身上，你学到了什么？

　　随着通信技术的发展，电话已经成为人们生活和工作中不可缺少的必需品。在客运服务中经常遇到乘客电话咨询或投诉的情况，工作人员掌握接听电话的相关礼仪与正确接打电话的方法有助于工作的顺利开展。

基本知识与基本能力积累

一、接打电话前的准备工作

　　1）在接打电话前，要准备好纸和笔，以便记录重要信息。

　　2）停止一切不必要的动作，专心接打电话，不要让对方感觉到你在从事一些与接打电话无关的事情，这是非常不礼貌的表现。

　　3）选择合适的时间拨打电话，一般情况下不宜选择过早、过晚或私人休息的时间，例如早 7 点之前、晚 10 点之后、午休或用餐时间。

　　4）通话的时长适宜。一般通话时间不宜过长，一次通话的时间最好不要超过 5min。通话时间过长，电话占线，如有紧急电话无法打进来，容易耽误事情。所以，

在接打公务电话时，通话时间过长是大忌。

二、接打电话礼仪

1）接听电话时，服务人员尽量在电话铃声响起 3 声之内接起电话。

2）电话接通后主动问好，双方均应首先问候对方"您好"以示礼貌，通过简单介绍来表明自己的身份。

3）在通话过程中要遵循相关礼仪，注意力要集中，认真倾听，但不可长时间沉默无语，这样会使对方误认为你根本没有接听，通话过程中可以适当的短句呼应，如"是，是的""好的，好的""没错""是这么回事"等，让对方感到你在认真地听，以示尊重。

4）说话时应注意自己的语气和语言，控制音量、语速适中、吐字清楚，同时做好重要信息的记录。

5）在接听工作电话需要记录时，应遵循"5W1H"原则，详细记录下对方所说的"时间"（When）"地点"（Where）"人物"（Who）"事件"（What）"原因"（Why）和"方式方法"（How）6 个要点，以保证信息完整有效。

三、结束通话

通话结束，一般应由发话人一方提出，如果对方没有结束谈话，自己先挂断就显得很不礼貌。受话人在结束交谈时，挂电话要比发话人慢 1s，要轻轻地放下话筒。如果对方的社会地位、年龄、职务高，则应该让对方先挂电话，然后自己再轻轻挂掉电话以示尊重。挂断电话前双方应互道"再见"。

四、电话常用语和忌语

接打电话的常用礼貌用语有"您好""我的名字是""谢谢""打扰了""不客气"等。以下是接打电话时的常见情景，并列举出了不规范用语与礼貌用语，见表 5-3。

表 5-3　接打电话常用的礼貌用语及不规范用语

情景	不规范用语	礼貌用语
向别人问好时	喂？	您好！
自报家门时	我是××。	我是××公司/单位××部门的××。
询问别人姓名时	你叫什么？	请问您能告诉我您的姓名吗？
询问对方身份时	你是谁？	请问您是？
需要对方留下联系电话时	你电话多少？	能留下您的联系方式吗？

情景	不规范用语	礼貌用语
叫别人等待时	你等一下。	请您稍等一会儿。
暂时不方便接听电话	挂了，我还有事。	我需要点时间处理一下问题，稍后给您回电，您看可以吗？
需要找另外一人听电话时	让××接电话。	可以麻烦您让××听一下电话吗？谢谢！
询问对方打电话的目的时	你打电话的原因是什么？	请问您有什么事吗？
没听清对方说话时	什么？再说一遍？	不好意思，这边有些吵我没有听清，您可以再说一次吗？
对方说方言听不懂时	听不懂，说普通话	对不起，请您讲普通话好吗？谢谢！
问有某事时	有什么事？	请问您有什么事？
人不在时	他没在。	不好意思，他现在不在这里，如果您有急事，我能否代为转告？
对询问的问题不了解情况或解答不了时	我不懂，不关我的事	您所提的问题我会转至××部门的同事那里，让他给您做专业的解答，您看可以吗？
做不到交代的事情时	这可不行。	很抱歉，没有照您说的来办。 不好意思，这个我们可能办不到。
承诺别人不会忘记某事时	我忘不掉的。	请放心，我一定……
结束通话时	你说完了吗？我可以挂电话了吗？	请问您还有其他的事情吗？ 请问您还有其他事情吩咐吗？

 任务实施：电话礼仪训练

1. 实训内容

分组电话被叫服务礼仪、电话主叫服务礼仪。

2. 实训目标

掌握电话服务基本礼仪技巧。

3. 实训准备

1）学生分组，2~3人为一小组。

2）课前整理好个人仪容仪表。

3）电话机、写字台等。

4. 考核评分表（见表5-4）

表5-4　电话礼仪考核评分表

考核项目	考核标准	分值	得分
主叫服务礼仪	1. 打电话前确定拨打时间是否合适，准备好纸笔以方便记录，厘清思路，简单列出交谈重点事项 2. 等待对方接听，礼貌问候，报出自己所在单位和姓名 3. 通话中发声要自然，音调要柔和、热情、愉快，音量适中，带着笑容通话效果最佳。使用敬语，说明自己想要找的通话人 4. 条理清晰地说明通话主题，与对方沟通一致，确定对方明白 5. 表示感谢并道别，等待对方挂机后，轻轻挂掉电话	50分	
被叫服务礼仪	1. 铃响两声后拿起话筒，进行简单而礼貌的问候，并自报本企业、部门或个人姓名 2. 通话中发音要自然，音调要柔和、热情、愉快，音量适中，带着笑容通话效果最佳，使用敬语 3. 认真倾听，为表示正在倾听，应不断以"好的""是"等话作为反馈（传呼对方想要找的通话人） 4. 与对方沟通一致，表示感谢并道别，等待对方挂机后轻轻挂掉电话 5. 在接听工作电话需要记录时，应遵循"5W1H"原则，详细记录下对方所说的"时间"（When）"地点"（Where）"人物"（Who）"事件"（What）"原因"（Why）和"方式方法"（How）这六个要点，以保证信息的完整有效	50分	

教师简要评语：

教师签字

客运服务礼仪

任务 3　交谈礼仪训练

情境导入

　　某日，一批乘客搭乘某路公交，车行至中途某站时突然停车，司机对大家说："车坏了，需要就近修理，赶快下车，等会儿上后面的车。"但是，由于下辆车的人也很多，有一部分乘客挤不上去，又退回车上，继续等车。司机与修理工开始交涉修车一事，不再理睬车上的乘客。眼看时间越等越长，还没见后面车的踪影，也不知能否挤得上去。乘客开始抱怨司机不该中途倒客，开车前为何不检查、不声明？有的乘客提出让司机退车票钱，司机回答说："我们公司有规定，不让退钱。"乘客问："那你们公司有无规定不准半路甩客，我们有急事，等到什么时候车才能来？我不能再等了，要马上走，不等下趟车了，你把钱退给我们，我们马上下车。"司机指责道："你有急事为什么不打出租车？你着急为什么不提前乘坐上一班汽车？坐公交车就要等。"司机依然坚持让大家等车，争执不下，有些乘客因着急办事只好打出租车走了。据乘客反映，大家之所以对这次"半路倒客"有意见，其中一个重要原因是这位司机平时的服务态度就不好，说话带脏字，经常用训斥的口吻指责乘客。大家还纷纷反映：坐他的车缺乏安全感，更没有温馨感。

　　试问：司机这样做对吗？作为城市公共交通服务行业的一员，在遇到此类事情的时候，应该如何对乘客做出解释？应采取何种解决方式？

基本知识与基本能力积累

一、谈话的表情

　　面部表情语言即通过五官的动作和形态传递信息。

　　一个人眼睛的形态可以反映其喜怒哀乐。暴露人们心灵秘密的，首先是眼睛瞳孔的变化。在相同的灯光条件下，随着态度和情绪从积极转向消极，瞳孔会由扩张转向收缩，反之亦然。当人们处于兴奋状态时，瞳孔会比原始尺寸扩大数倍。相反，如果人们处于消极的情绪，瞳孔就会收缩。

　　鼻子在沟通中较少使用，但也会泄露一个人的真实感情。比如，不满的时候，会在鼻子里发出哼哼的声音；愤怒的时候，鼻孔会张大、鼻翼翕动；紧张的时候，鼻子会流汗、鼻尖会发红；说谎的时候，会不自觉地摸鼻子。

嘴的表情是通过上下唇的动作来实现的，比如：生气或不屑时，嘴巴往下撇；开心微笑时嘴角上翘；惊讶时张大嘴巴。

眉毛除了和眼睛一起，构成仪表的重要部分外，还表现着主人的心情，如：眉飞色舞、扬眉吐气、眉开眼笑说明心情很好；横眉冷对说明愤怒；双眉紧锁说明苦恼。

激动的时候耳朵会红，撒谎的时候会用手拽耳朵。

脸部表情是情绪的真实写照，大部分人的喜怒哀乐都会表现在脸上。脸部肌肉放松说明心情也很轻松，而脸色阴沉则是遇到了烦恼。脸部所有器官与脸色组合使用形成脸部表情，例如嘴角上扬可以表达快乐之情，与此相反，当人们沮丧、绝望、愤怒或紧张的时候，就会表现出一种嘴角下垂的不高兴的表情，也就是我们常说的撇嘴。

面部表情中最令人舒适愉悦的就是微笑。微笑时，应注意面部舒展放松，目光亲切，面部两侧笑肌适当收缩用力，嘴角微翘，适当露出 6~8 颗上牙。注意不要牵动鼻子，不要露出牙龈，不要发出笑声。真正能够打动人心的微笑，不仅仅是面部肌肉的运动，更是发自内心的善意，需要配合亲切友好的眼神。客运服务要求工作人员微笑：亲切、自然、甜美。

二、视线礼仪

交谈时，为表示尊重，目光应当专注，或注视对方，或凝神思考。一个良好的交际形象目光是坦然、亲切、和蔼、有神的。特别是在与人交谈时，目光应该注视对方，不应该躲闪或者游移不定。人际交往中诸如呆滞的、漠然的、疲倦的、冰冷的、敌视的、轻蔑的、左顾右盼的目光都是不礼貌的，更不能对人上下打量、挤眉弄眼。

与别人面对面交流时，应该注视着对方。注视目光一般分为三种：公务注视、社交注视和亲密注视。

（1）公务注视　即在洽谈业务、贸易谈判或者磋商问题时所使用的一种注视。公务注视区是以两眼为底线、额中为顶角形成的一个三角区。在公务交谈时，如果你看着对方的这个区域就会显得严肃认真，对方也会觉得你有诚意：在交谈时，如果你的目光总是落在这个注视区，你就会把握谈话的主动权和控制权。

（2）社交注视　即以两眼为底线、唇心为下顶点所形成的倒三角形区域，通常在社交场所使用社交注视。当你和他人谈话时注视着对方的这个部位，能给人一种平等而轻松的感觉，便于营造出一种良好的社交气氛。在一些茶话会、舞会和各种友谊聚会的场合，就适合采用这种注视方法。

（3）亲密注视　即亲人、恋人之间使用的一种注视。亲密注视区是从双眼到胸部之间。这种注视往往带有亲昵和爱恋的感情色彩，一般在关系亲密的人之间采用这种方式。

在交谈中，接待者根据与交谈者的关系，应选择不同的注视区。客运服务面对乘客时，应选择社交注视区。

三、文明规范的服务语言

（1）敬语　敬语是一种表示对交谈对象尊敬和礼貌的语言手段。敬语一般用在以下场合中：比较正规的社交场合；与师长或身份、地位较高的人交谈时；与他人初次交往或会见不太熟采的人时；会议、谈判等公务场合等。常用的敬语有"请""您""劳驾""贵方""贵公司""谢谢""再见"等词汇。

此外，还有许多敬语可以展现客运服务人员的素质和修养。例如：拜托他人时，可用"请多关照""承蒙关照""拜托"等词语；表达感激时，可以用"辛苦了""您受累了"等词语；表示赞赏时，可以用"您太好了"等词汇；表达同情时，可以用"真难为你了""很理解您"等；在表达挂念时，可以用"你现在还好吗？""您最近怎么样？"等。这些都可以作为敬语来使用。

（2）赞美语　由衷的赞美是一种真诚的、发自内心的对别人的欣赏，并把这种欣赏回馈给对方的行为。赞美也是人际交往中的一种良好的互动过程，是拉近彼此距离、人与人之间互相关爱的表现。赞美同时也是一种有效的交往技巧，渴望得到别人的认可和赞美是人的天性，所以客运服务人员应学习并掌握赞美语言、方法和技巧并合理使用。

（3）委婉语与致歉语　委婉语是用来在服务工作中表达不宜直言的人或事物的言语。

致歉语是在服务过程中如有麻烦、打扰或妨碍别人时，要及时向对方表示歉意的用语。常用的致谦语有"对不起""非常抱歉""请原谅""不好意思"等表示歉意的语言。在工作中应规范使用致歉语及时道歉，并且要得体大方、言行统一。

（4）客运服务用语禁忌（见表5-5）。

表5-5　客运服务用语禁忌

服务用语禁忌	1. 不清楚、不知道
	2. 不行、不对
	3. 这不关我的事
	4. 没看我正忙吗
	5. 这事不归我管
	6. 现在才说，早干吗来着
	7. 等会儿，我现在没空
	8. 还没听明白啊

四、沟通的距离

人们在交际中有4种空间距离，即亲密距离、个人距离、社交距离和公众距离。

（1）亲密距离　亲密距离是至爱亲朋之间的交往距离，可分为近位亲密距离和远位亲密距离。近位亲密距离为0~15cm，这是一个亲密无间的距离空间，能够直接感受到对方的体温和气息。远位亲密距离为15~46cm，这是一个可以肩并肩、手挽手的空间，可谈论私密内容，说悄悄话。

（2）个人距离　个人距离是一个更有"分寸感"的交往距离，可分为近位个人距离和远位个人距离。近位个人距离为46~76cm。在这一距离内，稍一伸手就可触及对方，双方可以亲切握手，谈话双方会有一种亲切感。远位个人距离为76~122cm。

（3）社交距离　社交距离是体现社交性的、较正式的人际关系的距离，可分为近位社交距离和远位社交距离。近位社交距离为1.22~2.13m，在工作环境中，领导对部属谈话、布置任务、听取汇报等一般保持这个距离。在一般的社交聚会上，陌生人之间、客户之间商谈事务时也采用这一距离。远位社交距离为2.13~4m。这是正式社交场合、商业活动、国事活动等所采用的距离。采用这一距离主要在于体现交往的正式性和庄重性。

（4）公众距离　公众距离是人际接触中的最大距离，是一切人都可以自由进入的空间，可分为近位公众距离和远位公众距离。近位公众距离为4m之外，通常是小型活动的讲话人与听众之间的距离、教师讲课与学生听课之间的距离。远位公众距离为8m之外。这是大型报告会、听证会、文艺演出时报告人、演讲者、演员与听众、观众之间应当保持的距离。重要人物在演讲时需要与听众保持这一距离，以便在增强权威感的同时确保安全。

五、谈话与倾听技巧

沟通是客运服务人员与乘客交流时不可缺少的内容，要建立在尊重和真诚的基础上。学习并掌握与乘客沟通的技巧，不仅有利于与乘客进行愉快的交流，还能增进乘客对公司的了解，并自觉地配合工作人员的工作。组织和运用语言的技巧对客运服务人员与乘客的沟通和交流有着重要的影响。

（1）倾听的技巧

1）倾听的意义。倾听是尊重对方的表现，可获得对方好感，同时也体现了自己的修养。要善于倾听乘客的话语，即使在交谈时也要时刻注意给别人说话的机会。在与人交往中，一个成功的秘诀就是多听，往往善于倾听的人更容易被人理解。

2）倾听的方法。在与乘客沟通时不要急于表达自己的意见，要礼貌地请乘客先发表意见。以身体稍稍倾斜面向乘客的姿态，来表示你在尊重并倾听乘客讲话。客运服务人员要暂时放弃自己的好恶，不要轻易打断乘客的讲话，要让乘客把事情叙述完整、感情表达清楚、不满发泄出来。在倾听过程中，用简单的肢体语言（微笑、点头）来表示你紧跟着乘客的思路。在倾听后不要急于否定乘客，也不要匆忙下任何结论，匆忙下结论的做法是非常危险的，有时候会制造误会，要给予自己一定的时间去思考和判断。

（2）说话的技巧　工作中毫无顾忌地大声喧哗、制造噪声是缺乏修养的表现。说话的技巧包括语音、语气、音量、语调，以及文明、合理的用语。说的技巧中90%都在于口头传达。说的目的是希望别人接受自己的意见，以进一步影响对方，从而获得他人的理解和认同。

1）语速不宜过快或过慢，在与乘客沟通过程中，客运服务人员要注意语速不要过快，语速过快有可能给乘客造成一种不耐烦的感觉；再者，乘客也不易听清楚所说的内容。而语速过慢将影响乘客的时间，还会给乘客产生客运服务人员不专业的错觉。

2）音量适中，音量过大会给乘客一种压迫感；音量太小，则显得信心不足，说服力不强。

3）语调要低沉、明朗。明朗、低沉和愉快的语调最容易吸引人。工作中毫无顾忌地大声喧哗是缺乏修养的表现。因此，语调偏高的人应尝试通过练习调低语调，发出亲切、明朗的声音。

4）发音清晰，段落分明。发音要标准，字句之间要层次分明。

5）在某些时候要适时停顿。停顿时间既不要太长，也不要太短，以免引起对方的好奇和逼迫对方早下决定。

6）配合脸部表情。要使每一句话、每一个字都有意义，面部表情应与所处的谈话情境或场合相匹配。

（3）提问的技巧　客运服务人员在与乘客交流时，如果提问的时机或方法不当，则很可能会使沟通中断，或者达不到沟通的最终目的，甚至还可能会引起对方反感，所以提问时一定要谨慎小心。

1）理解对方的谈话，设身处地为对方着想。

①要理解对方的谈话。提问的前提是认真倾听并理解对方谈话的内容，在此基础上，还要理解对方所传达出的情感，有时还需要准确把握对方的言外之意。只有做到了这些，提问才有实质性价值。

②思考需要提出的问题。当客运服务人员在倾听对方的谈话时，依据谈话内容或其他言外之意，可能会产生一些疑问或者需要确认自己的理解是否正确，这时需要将这些疑问或者自己的理解表达出来，以得到对方的确认或者回答。

③提问要把握好恰当的时机。客运服务人员在理解了对方谈话的内容、正确把握了对方的情感基础上，明确所要提出的问题后，一定不要着急，需要等对方充分表达完后再提问。这样既可以表示尊重，同时也避免了打断对方谈话的思路。提问的时机也不可太迟，如果某个话题已经结束很长时间后再来提问，对方的思路有可能会被打断，认为客运服务人员没有认真倾听，并且也会延长沟通的时间，势必对客运服务中的沟通产生不良影响。

2）提问时要合理使用征询型用语。主要有"请问""劳驾""您还有其他事情吗？""您别着急，请您慢点说""需要为您做什么吗？"等，客运服务人员需熟练掌握并加以应用。

六、应答礼仪

应答礼仪是客运服务人员在工作中回答乘客询问或响应对方召唤时所表现出的礼节性行为。使用应答礼仪时，主要应注意以下几个方面。

1）应答乘客询问时，要思想集中，全神贯注地倾听，不能目视别处，或心不在焉、说话有气无力。

2）应答乘客提问或征询有关事项时，语言应简洁、准确，语气婉转，声音大小适中，不能随心所欲地谈天说地，或出现声音过大、词不达意等情况。

3）如果乘客讲话含糊不清或语速过快，可以委婉地请乘客复述，不能凭主观猜测，随意回答。

4）回答多位乘客询问时，按先后次序、轻重缓急，一一作答，不能只顾及一位乘客而冷落了其他乘客。

5）对于乘客提出的无理要求，必须沉住气，或婉言拒绝，或委婉地回答："可能不会吧！""很抱歉，我确实无法满足您的这种要求，我帮您找其他人为您解答。"这样，既能表现得有教养，也能体现出自己的风度。

七、手语服务礼仪

病残乘客由于自身问题，在乘车中多有不便之处。客运服务人员在服务的过程中，要有耐心，语气要缓慢，动作要谨慎，措辞也要十分注意，一定要尊重乘客的意愿。面对聋哑乘客时，可多借用肢体语言、文字书面等方式表达。

手指语是专为聋哑人设计的。它是以种种手指指示代表一个个拼音字母，成为手指字母，用手指字母按拼音的顺序依次拼出词语的音节，表达意思的一种交际形式。客运服务中工作人员以亲切的笑脸、端庄的举止、专业的手语，为听力障碍乘客提供快捷的客运服务，既为乘客节省了宝贵时间，也用实际行动和微笑感染乘客。图5-5所示为中国拼音手语。

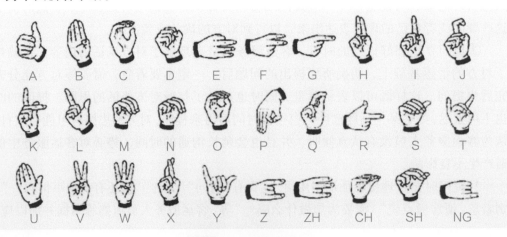

图5-5　中国拼音手语

任务实施：交谈礼仪训练

1. 实训内容

交谈礼仪训练。

2. 实训目标

掌握交谈过程中基本礼仪技巧。

3. 实训准备

1）学生分组，2~3人为一小组。

2）课前整理好个人仪容仪表。

4. 考核评分表（见表5-6）

表5-6 交谈礼仪考核评分表

考核项目	考核标准	分值	得分
与乘客交谈礼节	根据称呼礼节，对对方进行礼貌称呼及问候，面带职业性微笑	20分	
	两人相对而立，彼此保持私人社交距离为45~120cm，不宜靠得太近或太远。	20分	
	身体舒展放松，双手自然下垂，不要有小动作，平视直视对方，目光处于以两眼为底线、唇心为下顶点所形成的倒三角形区域，并配合亲切友好的眼神	20分	
	交谈过程中语速不宜过快或过慢，音量适中，音量过大会给乘客一种压迫感；音量太小，则显得信心不足，说服力不强；发音清晰，说普通话	20分	
	积极地倾听，要在交谈过程中有适时的语言表达，如"嗯""好""您别生气"等，然后再适度表明一下自己的观点和态度；应答乘客询问时，要思想集中，全神贯注地倾听；不能目视别处，或心不在焉，或说话有气无力。对于乘客提出的无理要求，必须沉住气，或婉言拒绝，或委婉地回答	20分	

教师简要评语：

教师签字

任务 4　引导礼仪训练

情境导入

如果一位秘书要将一位贵宾引导到四楼会客室，从下车到会客室这一段路程当中应该怎么做？

注意事项有：在前在后、在左在右；开门及引座；平路引导；进出电梯；来者是生人还是熟人；上下楼梯。

基本知识与基本能力积累

一、引导礼仪的基本要素

（1）引导位置　引导人员站在来宾的左前方，距来宾 0.5~1.5m，传达"以右为尊、以客为尊"的理念。来宾人数越多，引导的距离应该越远，以免照顾不周。

（2）引导手势（见图 5-6）　指示方位时应五指并拢，小臂带动大臂，根据指示距离的远近调整手臂的高度，身体随手的方向自然转动，目光与所指示的方向一致；收回时，小臂同身体内侧略成弧线自然收回。指引方向过程中始终保持面带微笑，并辅以相应的引导语言。忌用单个手指指示方位，乘客没看清楚时不得收回动作。引导手势见表 5-7。

图 5-6　引导手势

表 5-7　引导手势

引导手势	使用时机及要求
（1）横摆式 	（请进）在表示"请进""请"时常用横摆模式。手臂向外侧横向摆动，指尖指向被引导指示的方向。以右手为例：将五指伸直并拢，手心不要凹陷，手与地面成45°角，手心向斜上方。腕关节微曲，腕关节要低于肘关节。动作时，手从腹前抬起，至横膈膜处，然后以肘关节为轴向右摆动，到身体右侧稍前方的地方停住。同时，双脚形成右丁字步，左手下垂，目视来宾，面带微笑
（2）双臂横摆 	（大家请）当来宾较多时，表示"请"，动作可以大一些，采用双臂横摆式。两臂从身体两侧向前上方抬起，两肘微曲，向两侧摆出。指向前进方向一侧的臂应抬高一些，伸直一些，另一手稍低一些，曲一些
（3）曲臂式 	（里边请）手臂弯曲，由体侧向体前摆动，手臂高度在胸以下，适用于请人进门时。当一只手拿着东西，扶着电梯门或房门，同时要做出"请"的手势时，可采用曲臂式。以右手为例：五指伸直并拢，从身体的侧前方向上抬起，至上臂离开身体的高度，然后以肘关节为轴，手臂由体侧向体前摆动，摆到手与身体相距20cm处停止，面向右侧，目迎来宾

引导手势	使用时机及要求
（4）直臂式 	（请往前走）需要给嘉宾指明方向时采用直臂式。手臂向外侧横向摆动，指尖指向前方，手臂抬至肩高，适用于指示物品所在
（5）斜臂式 	（请坐）手臂由上而下斜伸摆动，适用于请人入座时。请来宾入座时，手势要斜向下方。首先用双手将椅子向后拉开，然后一只手曲臂由前抬起，再以肘关节为轴，前臂由上向下摆动，使手臂向下成一斜线，并微笑点头示意来宾

（3）引导语言　要有明确而规范的引导语言，多用敬语"您好！""请！"，以表达对来宾的尊重，确保来宾心情舒畅并且能安全到达目的地。

二、不同地点的引导礼仪

（1）走廊处　引导人员应走在来宾一两步之前，让对方走到路的中央，自己走在走廊一侧，与来宾步调保持一致。

（2）楼梯处　当引导来宾上楼的时候，应该让来宾走在前面，引导人员走在后面；下楼时，应该由引导人员走在前面，来宾走在后面。

（3）电梯　一般有两种情况：

1）引导至电梯口。如果只有一位来宾，引导人员按住按钮，请客人进入。如果有两位以上来宾，引导人员与电梯门成 90° 角站立，用靠近电梯门一侧的手采用直臂式手势护梯，另外一只手用回摆式手势邀请来宾进入。

2）陪同进入。如果有一位来宾，则请来宾进入，然后紧跟进入，站在电梯内控制按钮附近，身体背对着电梯壁，与电梯成 90° 角。如果有两位以上，先说"请稍等"，然后进入电梯，用另一只手邀请来宾进入。出梯时，按住按钮说"您先请"，等来宾都走出后，再走出去引导。

（4）开门和关门

1）手拉门。引导人员应先拉开门说"请稍等"，再靠近门把手的手拉住门，站在门旁，用回摆式手势请大家进门，最后自己把门关上。

2）手推门。引导人员先推开门说"请稍等"，然后再进门，握住门后把手，用横摆式手势请来宾进来。

（5）会议室

当来宾走入会客厅后，接待人员用前摆式手势指示，同时要说"您请坐"等敬语。请来宾坐下。看到来宾坐下后，才能离开。

注意：

1）通常情况下，引导人员在来宾的左前方。

2）引导人员的步调要适应来宾的速度。

3）引导时多用语言提醒，多用敬语，注意保护来宾的安全。

任务实施：引导礼仪训练

1. 实训内容

引导礼仪训练。

2. 实训目标

掌握引导过程中基本礼仪技巧。

3. 实训准备

1）学生分组，2~3 人为一小组。

2）课前整理好个人仪容仪表。

4. 实操演练

分别对横摆式、双臂横摆、曲臂式、直臂式、斜臂式的技巧等进行实操演练。

课后习题

一、填空题

1. 在日常生活、工作和交际场合，常规性称呼大体上可分为 _____、亲属称、职称称、职业称、姓名称和泛尊称。

2. 问候是在公共场合向他人表示尊重和友好的一种方式。按问候内容的分类，问候可分为 _____、间接式两种类型。

3. _____，在一些公众场合与熟人相遇又不便交谈时、在同一场合多次见面时、路遇熟人时，此时应面带微笑，目视对方，轻轻点一下头即可。

4. 鞠躬时，身体上部向前倾 _____，双手在上体前倾时自然下垂，然后恢复立正姿势，之后慢慢抬头直腰，注视对方。

5. _____ 是在相见、离别、恭喜或致谢时相互表示情谊、致意的一种礼节。

6. 握手顺序一般规则是，地位高者先伸手，遵循 _____ 的规则。

7. 握手的时间不要太短或太长，一般控制在 _____ 即可。

8. 名片可分为社交名片、_____ 和商务名片。

9. 接听电话时，服务人员尽量在 _____ 接起电话。

10. 在接听工作电话需要记录时，应遵循 _____ 原则。

11. 客运服务要求工作人员微笑：_____、_____、甜美。

12. 与别人面对面交流时，我们应该注视对方。注视目光一般分为三种，即 _____、社交注视和亲密注视。

13. _____ 是用来在服务工作中表达不宜直言的人或事物的言语。

14. 人们在交际中有四种空间距离，即亲密距离、个人距离、_____ 和公众距离。

15. 说的技巧包括语音、_____、_____、语调及文明合理的用语，说的技巧中 90% 都在于口头传达。

二、判断题

1. 对非亲属的交际双方以亲属称谓，通常在正式交际场合中使用。 （ ）

2. 对于年长者及领导的称呼要恭敬，严禁直呼其名。 （ ）

3. 举手致意的场合与点头致意的场合大体相同，并且是对距离较远的熟人一种打招呼的形式。 （ ）

4. 45° 鞠躬礼是最高礼节。例如，表示对受礼者的尊崇和敬仰，表示忏悔、改过和谢罪。 （ ）

5. 握手的力度要把握好，握手时用力过猛则显得粗鲁无礼，过轻又难免有敷衍了事之嫌。 （ ）

6. 如果双方同时递过名片，自己的名片应从对方的上方递过去，同时以左手接过对方的名片。 （ ）

客运服务礼仪

7. 当对方向自己递名片时，自己要立即停止手头工作，起身迎接，目视对方，面带微笑，用单手接过名片。　　　　　　　　　　　　　　（　　）

8. 一般晚上 10 点以后拨打他人的电话。　　　　　　　　　　　（　　）

9. 通话结束，一般应由发话人一方提出，如果对方没有结束谈话，自己先挂断就显得很不礼貌了。　　　　　　　　　　　　　　　　　　（　　）

10. 交谈时，为表示尊重，目光可左顾右盼、上下打量。　　　　（　　）

11. 亲密距离是至爱亲朋之间的交往距离，可分为近位亲密距离和远位亲密距离。　　　　　　　　　　　　　　　　　　　　　　　　　　（　　）

12. 如果客人讲话含糊不清或语速过快时，可凭主观猜测，随意回答。（　　）

三、名词解释

1. 直接式
2. 欠身致意
3. 对等式握手
4. "5W1H" 原则
5. 社交凝视
6. 公务凝视
7. 亲密凝视
8. 敬语
9. 亲密距离
10. 个人距离
11. 社交距离
12. 手指语

四、简答题

1. 人际交往称呼的禁忌有哪些？
2. 问候时的注意事项有哪些？
3. 鞠躬礼的动作要领是什么？
4. 握手的顺序是什么？
5. 握手礼的动作要领是什么？
6. 握手时的禁忌是什么？
7. 名片递送的动作要领是什么？
8. 接受名片的礼仪是什么？
9. 接打电话的礼仪是什么？
10. 交谈过程中谈话与倾听技巧是什么？
11. 使用应答礼仪时，注意事项有哪些？

参 考 文 献

[1] 刘莉娜 . 城市轨道交通客运组织 [M]. 2 版 . 北京：人民交通出版社，2012.

[2] 彭进 . 铁路客运组织 [M]. 2 版 . 北京：中国铁道出版社，2018.

[3] 石瑛 . 铁路客运服务礼仪 [M] . 北京：人民交通出版社，2016.

[4] 高蓉 . 城市轨道交通服务礼仪 [M]. 2 版 . 北京：人民交通出版社，2018.

[5] 国英 . 现代礼仪 [M] . 北京：机械工业出版社，2011.

[6] 鄢向荣 . 国际邮轮服务礼仪 [M]. 北京：化学工业出版社，2017.

[7] 周为民，杨桂芹 . 民用航空服务礼仪 [M]. 北京：清华大学出版社，2015.

[8] 李一平 . 铁路客运服务礼仪 [M]. 上海：上海交通大学出版社，2017.

[9] 赵洪立 . 现代礼仪 [M]. 北京：中国商业出版社，2016.

[10] 张英姿 . 高速铁路客运服务礼仪 [M] . 北京：北京交通大学出版社，2017.

[11] 吴静 . 城市轨道交通客运服务与礼仪 [M]. 北京：中国电力出版社，2017.

客运服务礼仪